せいきの大問題

新股間若衆◉しんこかんわかしゅう

木下直之

新潮社

こかんわかしゅう【股間若衆】 ①またぐらの表現に意を凝らした男性裸体像。日本では絵画よりも彫刻にすぐれた作品が多い。その名に反して若くはない者もけっこういる。②この謎に取り組んだ木下直之が新潮社から平成二十四年に刊行した本のタイトル。フンドシ好きの一部読者から熱烈な支持を得た。③類語に新股間若衆、股間漏洩集、股間著聞集などがあり、いずれも『芸術新潮』誌上に掲載されたが、『新潮日本古典集成』には迎えられなかった。④『股間若衆』には続編が出るらしい。いや、すでに出回っているらしい。いや、すでにあなたはその本の中に足を踏み入れたらしい。ようこそ股間若衆国へ。

『股間若衆国語辞典』より

目次

凡例

＊引用文は読みやすさを考慮し、原文のカタカナを平仮名に、旧字を新字にして句読点とルビを補うなど、一部、字句を改変したところがある。

＊引用図版の出典は、それぞれのキャプションに明記した。

帰ってきた股間若衆

前橋駅前に帰ってきた分部順治《建設と平和》
1953年　撮影＝筒口直弘／新潮社

股間東西

帰ってきたのは酔っぱらいでもウルトラマンでもなく、むろん酔っぱらったウルトラマンでもなく、われらが股間若衆である。日本各地へ、いやソウルやロンドンなど世界の都市にも帰ってきてくれた。ゾンビのように墓場から甦ったのではない。もともと駅前広場や公園の繁みの中にひっそりとたたずんでいた彼らが、日陰から日向《ひなた》へ、自信を持って一歩前に足を踏み出してくれた、ような気がする。

二〇一〇年来、『芸術新潮』誌に「股間若衆」「新股間若衆」を寄稿、「曖昧模っ糊りのままでも、とろけた股間のままでもいいから」と、やさしく声を掛けてあげたのがよかったのかもしれない。

長崎ではこんな出会いがあった。路面電車に揺られながら車窓の風景をぼんやり眺めていると、一瞬、繁みの中に裸が見えた。その体つきからすぐに男だとわかった。電車を飛び降りて近寄ると、案の定、そいつは腰布を巻いただけの姿で、「文化ホール」と大書した看板のすぐ脇で、「夜へ急ぐ人」を唄うちあきなおみのように、おいでおいでをしていた[左頁上2点]。おいでおいで、おいでをする人、あんた誰?

今でこそ、股間若衆は変質者に見えるものの、はじめからそうだったわけではない。戦争で焼け野原にされた町に文化の香りをとの思いからひと肌もふた肌も脱いで、こんなふうに各地の文化ホールや体育館の傍らに立ち、呼び込みを続けてきたのである。

長崎の股間若衆といえば平和祈念像ばかりが名高いが（とはいえ注目を浴びるのは毎年八月九日のたった一日）、同じ平和公園の中には全裸で乱舞する男女七人の像もある。さすがにこれは、われら

長崎市民会館で呼び込みをする（?）
富永直樹《平和の叫び》 1968年　筆者撮影

人間には真似できない。おそらく地球上では物理的にも体力的にも、そして倫理的にも無理だろう。ＪＲ長崎駅前にもペーロンの櫂を手にしたパンツ一丁の男が立っているし、長崎の総鎮守諏訪神社では狛犬までもがチンチンをしてチンチンを見せていた［下］。

　前橋にも、股間若衆は帰ってきた。「新股間若衆」（『芸術新潮』二〇一一年十一月号）は、前橋駅前の男女裸体像《建設と平和》が、駅前再々開発の工事中に行方不明になっているところで終わった。駅前交番に飛び込んで、お巡りさんに行方を尋ねても、「さあ?」という答えしか返ってこなかった。それが再び姿を現したのである［7頁］。戦後復興のシンボルだったハンマーを男は今なお握りしめたままだから、ふたりしていったいどこに雲隠れしていたの、なんて無粋なことを尋ねたらガツンと殴られるかもしれない。

長崎の総鎮守諏訪神社で出会った、
無防備すぎる狛犬。
筆者撮影

股間若衆は私の部屋にもやってきた。ちょっと留守にした隙に窓から闖入したらしい。そのまま居座り、「すべての風呂はローマに通ず！」とラテン語でぶつぶつつぶやいている。名をルシウス・モデストゥスという［下］。ここに来る前は、映画化された『テルマエ・ロマエ』のキャンペーンに駆り出されて、書店の店頭で、それこそ風呂に入る暇もなく働きづめだったという。好きなだけ、ここにいていいよ。

腰巻事件は今も

ルシウスの腰のあたりには、こんな注意が小さく記されていた。「もし必要な場合、同送の手ぬぐいを腰に回して貼ってください」。実際にそんな仕打ちを受けたのかどうか、本人は何も語ってくれない。

作者のヤマザキマリによれば、この絵を表紙に使った『テルマエ・ロマエ』第一巻（エンターブレイン、二〇〇九年）がＮＨＫで紹介された時、帯で股間が隠されたという。二〇一二年春、拙著『股間若衆』（新潮社）が発売されるや、京都の某書店では帯をずり上げ、表紙の《自由の群像》三人組の股間をわざわざ隠して店頭に並べてくれた。お陰でよく目立った。帯は腰巻きとも呼ばれ

ヤマザキマリ
『テルマエ・ロマエ』第1巻
（エンターブレイン）の
カバーから抜け出し、
東大の文化資源学研究室に
居ついた股間若衆。
撮影＝進藤環

る。そこには田丸公美子さんが「男の沽券《こけん》にかかわる本」という言葉を寄せてくださっていた。

明治の美術界を騒がせた「腰巻事件」（一九〇一年に黒田清輝の裸体画の下半分が布で覆われた）［74頁参照］は、このとおり決して過去の話ではない。ソウルの国立中央博物館で起こった腰巻事件も近年の出来事である。北朝鮮の開城で一九九二年に発見された高麗太祖王建の像が、ソウルの国立中央博物館で公開された際に、腰に布が掛けられたことを『朝鮮日報』（二〇一二年三月二十日）が伝えている［下］。そのため、かえって観客の関心は下半身に向けられたに違いない。

布の下の王様の性器は、身体がほぼ等身大であるのに対し、わずか二センチと小さい。それは仏教でいう「陰蔵相」、すなわち馬やゾウのように性器が隠されている表現で、色欲を離れることでようやく達成した状態だという。俗人とは異なる王様にいかにもふさわしい姿だ。もともと隠されていたものが、屋上屋を架して、さらに隠されたのである。

《王建倚像》　10世紀末〜11世紀初　開城市、高麗博物館蔵
2006年の展示の様子
web版「朝鮮日報」2012年3月20日付より

倫敦若衆

股間若衆はロンドンにも帰ってきた。大英博物館の至宝《円盤投げ（ディスコボロス）》が、二〇一二年のロンドンオリンピックに間に合うように、世界巡業の旅から戻ってきた。それまでは、「The Body Beautiful in Ancient Greece」（日本では二〇一一年に「大英博物館 古代ギリシャ展 究極の身体、完全なる美」と銘打ち開催）一座を組んで、北京オリンピック以来、上海、香港、アリカンテ、

ソウル、台北、神戸、東京、メキシコシティと飛び回っていた。ディスコボロス座長は、われこそが人類普遍の「完全なる美」であると知らしめる伝道師である。しかし、一九四八年に開かれた前回のロンドンオリンピックでも公式ポスターに使われたのだから、出稼ぎになど出ている場合ではない。

久しぶりに我が家に帰った息子のために、大英博物館は正面玄関を入ってすぐのところに特等席を用意した［下］。オリンピックの期間中、別室には中国人彫刻家の隋建国による《衣紋研究 円盤投げ》（一九九八年）が控えていた。こちらは腰巻きでも葉っぱでもなく、毛沢東が愛した人民服でその「究極の身体」をすっぽりと隠してしまったところが、世界の美術マーケットに打って出た中国人アーティストのしたたかさである。隋の作品には、ビジネススーツに身を包んだサラリーマン版ディスコボロス（二〇〇八年）もある。全裸と着衣ふたりの「円盤投げ」を見比べるうちに、「究極の身体、完全なる美」なんて言ったところで、それはあくまでも西洋人のもの、裸体もまたお仕着せのスーツのようなものではないかという気がしてくる

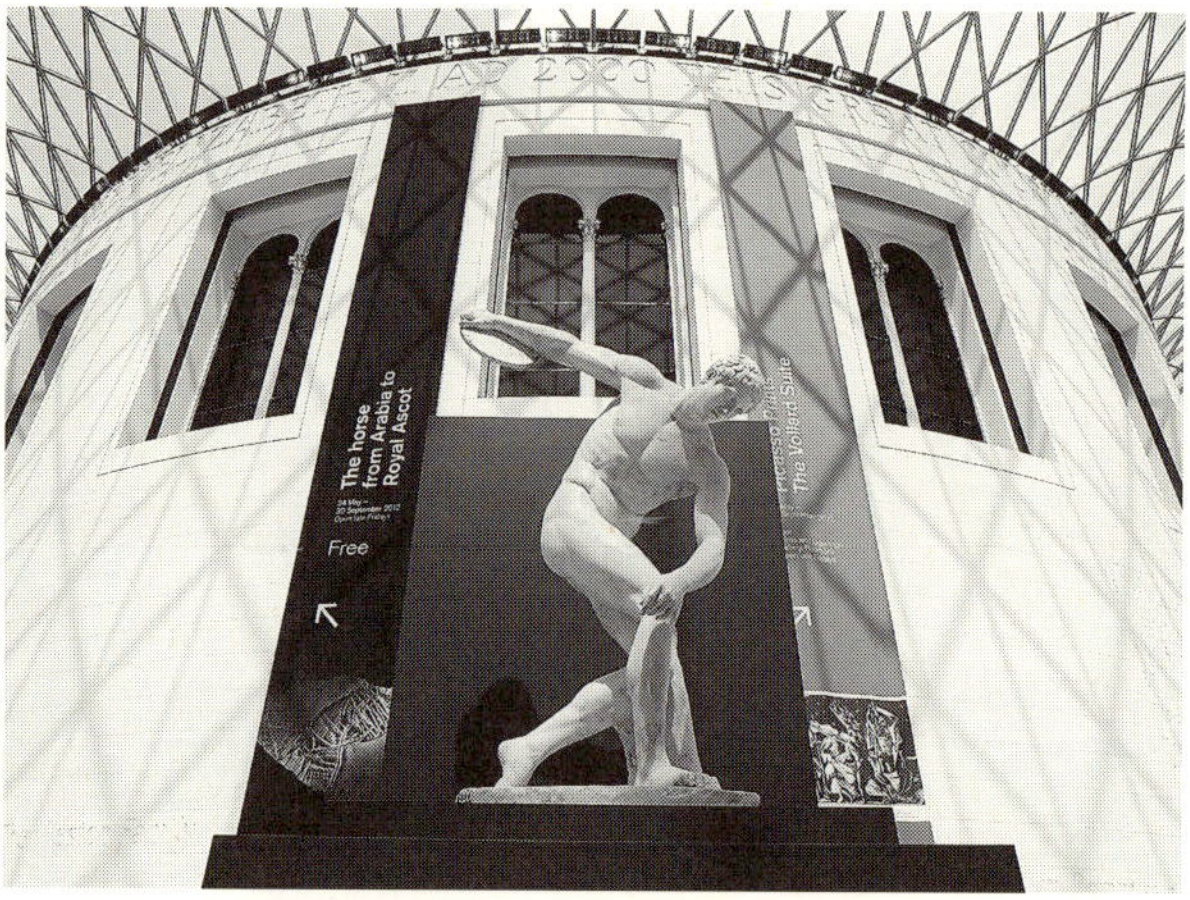

2012年、世界巡業から帰ってきた《円盤投げ（ディスコボロス）》
2世紀　大英博物館蔵　撮影＝松田陽

のだった。

　大英博物館の中には、ほかにも古代ギリシャやローマの股間若衆はたくさんいるが、「円盤投げ」がそうであるように、なぜか性器を根本から失った若者が多い。古代地中海世界にも阿部定のような女がいたのだろうか。それとものちに、キリスト教会によって切断されたのだろうか。

　町へも出かけることにしよう。おそらく、ロンドンで一番大きな股間若衆は、ハイドパークの入口近くに立つ《アキレウス》[下]だろう。高さはおよそ六メートル。

　トロイア戦争の英雄アキレウスの像は一八二二年に建立された。ナポレオン戦争で数々の勝利を収めたウェリントン公アーサー・ウェルズリー陸軍元帥とその戦友に捧げられたものである。像は、サラマンカ、ヴィトリア、トゥールーズ、ワーテルローなどの戦いで分捕ったフランス軍の大砲を鋳潰してつくられている。最初は全裸だった。ところが、それでは戦士の名誉を傷つけると非難が起こり、ご覧のような葉っぱが股間に取り付けられた。「イングランドの女たち」という

ロンドンは
ハイドパークの《アキレウス》
筆者撮影（3点とも）

東静岡駅・東静岡広場の実物大ガンダム
2010年撮影

同じくハイドパークに、
これも剣を持って立つ《ダヴィデ》

団体が建設資金を提供したから、股間問題はいっそう紛糾したのだ。

アキレウスは、ただひとつの弱点である足首の腱＝アキレス腱を除いては不死身の身体の持ち主である。一瞬、機動戦士ガンダムに似ているなと思った。ガンダムはモビルスーツである［前頁］。すなわち操縦者にとってのスーツであって、その身体は裸体ではない。同様に、アキレウスもまた、母テティスによって冥府を流れる河ステュクスに浸されたことで超人的なスーツを身につけたといえるのではないか。河の水に浸す際に、母が足首をつかんでそこだけ濡らさなかったからアキレス腱が弱点になった。しかし、股間もきっと濡れなかったのだろう。そうでなければ、こんなに易々と葉っぱを受け入れるはずがない。

アキレウス像とやはりナポレオン戦争の勝利を記念して建てられた凱旋門との間に、アプスレイ・ハウスと呼ばれるウェリントン公の邸がある。フランス遠征から戻ったウェリントン公が買い取り、自邸とした。吹き抜けの階段室に置かれた身長三メートルを超える全裸のナポレオン像は、ルーヴル美術館にあったものを一八一六年にイギリス政府が購入し、ウェリントン公に贈った。ナポレオンをマルス神に見立て、それゆえに全裸なのだが、一八一一年四月、初めて己の彫像と対面したナポレオンは、「身体が立派すぎる」と言って受け入れず、公開を禁じたという話が伝わっている。

敵将の裸体を眺めて暮らすとは理解し難い行為だが、実のところ、ウェリントン公が望んだのは、それがイタリアの彫刻家カノーヴァの作品だからであった。当代一の彫刻家として、その名はイギリスにまで鳴り響いていた。

アプスレイ・ハウスを背にして、もうひとり股間若衆がいる。左手に剣を持った裸の少年［前頁］は、台座に刻まれたつぎの言葉から、ダヴィデだとわかる。

「サウルは千を撃ち殺し、ダヴィデは万を撃ち殺した」(第十八章七)。なるほど、旧約聖書の『サムエル記』からとったこの言葉(実は女たちの歌)は、記念碑が捧げられた機関銃部隊にいかにもふさわしい。

第一次世界大戦には、飛行機や戦車とともに「万を撃ち殺」すための新兵器である機関銃も導入され、戦場は大量殺戮の場と化した。イギリスを歩くと、いたるところで第一次世界大戦の戦死者に捧げられた記念碑を目にするのは、この戦争が「The Great War」と呼ぶほかない未曾有の悲劇であったからだ。むろん、その時点では第二の大戦が再び起こることなど誰も予想していないのだから、第一次ではなく、あくまでも「大戦」なのである。その後、単独の部隊を必要としないほどに機関銃は普及したため、一九二二年に部隊は解散、それを機に記念碑は建設された。

道をはさんだアキレウス像とダヴィデ像には、ぴたり百年の隔たりがある。それにもかかわらず、戦死者を神話や聖書の英雄になぞらえること、裸体で表現すること、そして股間を葉っぱで隠すことは変わらない。十九世紀を通じて、いや二十世紀を迎えてもなお、葉っぱは一向に枯れる気配はなかった。

葉っぱ野郎ども! 全員集合!!

と、威勢よく掛け声を掛けるのは、どこの誰だか知らない。日の丸を背負っているのだから日本人なのだろう。『世界公論』一九一八年一月号(第九年第一号)

『世界公論』1918年1月号
(第9年第1号) 表紙
画=杉浦非水　愛媛県美術館蔵

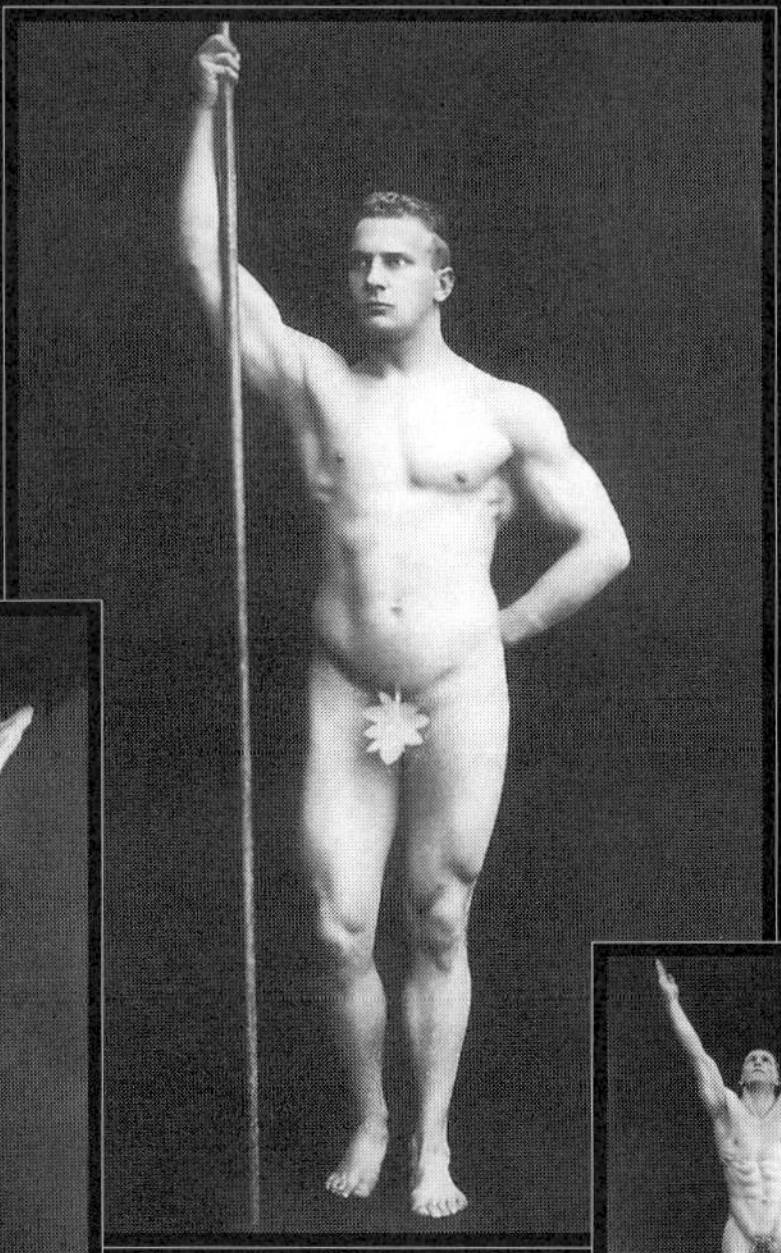

A.N
PARIS

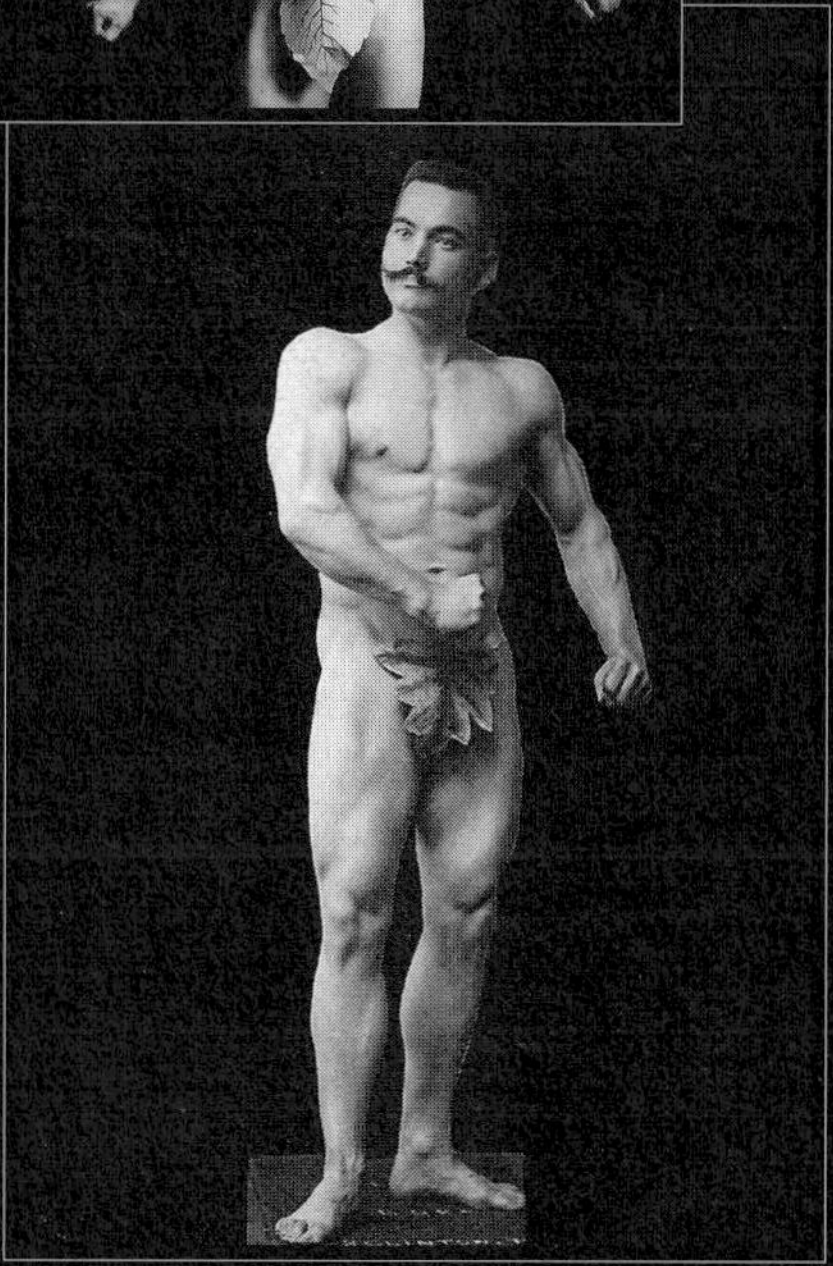

葉っぱ野郎どもの写真は下記2冊より。
David Chapman, *Victor Victorians*, Janssen, 2004
David Chapman & Brett Josef Grubisic, *American Hunks*, Arsenal Pulp Press, 2009

という真面目な雑誌の表紙で、仁王立ちになった男は、頭に月桂冠をかぶり、股間を葉っぱで隠している［15頁］。葉っぱがあるからこんなに堂々としていられるのだろうが、実際に演じたらかなり恥ずかしい。間違いなく笑われる。昔のお笑い番組に登場した「はっぱ隊」を思い出す。

しかし、掛け声に応じて、イギリスばかりでなく、フランスからもドイツからもアメリカからも、つぎからつぎへと集まってきた「葉っぱ野郎」どもは揃いも揃って大真面目で、笑われたい一心で演じているとはとうてい思えない［前見開き］。いったい何のために。そもそも誰のために。誤解を招いたかもしれない。「葉っぱ野郎」どもが集まってきたのは『世界公論』誌上ではなく、『芸術新潮』誌上である。むしろ、彼らは一八九〇年代から一九一〇年代にかけて世界に広がり、その余波が『世界公論』にまで及んだのだった。前著『股間若衆』で大きく紹介した堺時雄の写真《邁進の意気》（一九二二年、東京都写真美術館蔵）もまた、葉っぱこそつけなかったものの同じ仲間である。

こうした男性ヌード写真は、まずは画家や彫刻家が制作の補助に用いた。それゆえに、葉っぱで股間を隠すという美術の常套手段があまり疑われずに採用された。しかし、やがて写真は筋肉誇示の場へと変わる。美術の世界では見られなかった、やたらと筋肉を誇張するポーズが好んで取られるようになる。ピンナップになって売り出されもした。それは新たな男性美の表現であり、スポーツやボディ・ビルディングの新興と軌を一にしている。そういえば、近代オリンピック大会の始まりは一八九六年のアテネ、まさしくこの時代であった。

さて一目瞭然、明々白々にリアルな葉っぱは大きい。そうでなければリアルなチンチンはそれがいくら小さくても隠しきれないだろう。白井雨山《箭調べ》（一九〇八年、東京国立近代美術館蔵）の葉っぱはどう考えても小さすぎると前々から指摘してきたが（前著参照）、これで彫刻のそれは観念の産物であることがはっきりした。性器を隠すための葉っぱ、すなわち性器あっての葉っぱであるはずなのに、葉っぱの下には何もない。なければ葉っぱは不要だが、あくまでもそこには隠すべきものがあるという前提で葉っぱはつけられる。葉っぱありきなのである［86頁参照］。

奉納男根

大英博物館の収蔵庫に、ご覧のような一群の男根が大切に保管されている［下］。いずれも木製、根本からすとんと切り取られたかのように見えるが、展示室にならぶ古代彫刻と異なり、本体、すなわち身体を持たない。これで自己完結なのだ。

長さ二二・三センチの一本には「奉納　吾妻大権現」という文字が墨書され、小振り（一七・五センチおよび一三センチ）の二本には、それぞれ「53」「54」というラベルが貼られている。また、一本だけは赤く塗られ、先端部と根本だけが黒い。ジョージ・ウィットという医者によって、膨大なエロティック・アートのコレクションとともに、一八六五年に大英博物館に寄贈されたものだ。

博物館が翌一八六六年にまとめた『男根崇拝コレクション目録 Catalogue of a Collection Illustrative of Phallic Worship』には、「53」と「54」の説明がある。前者の説明をここに引用しよう。

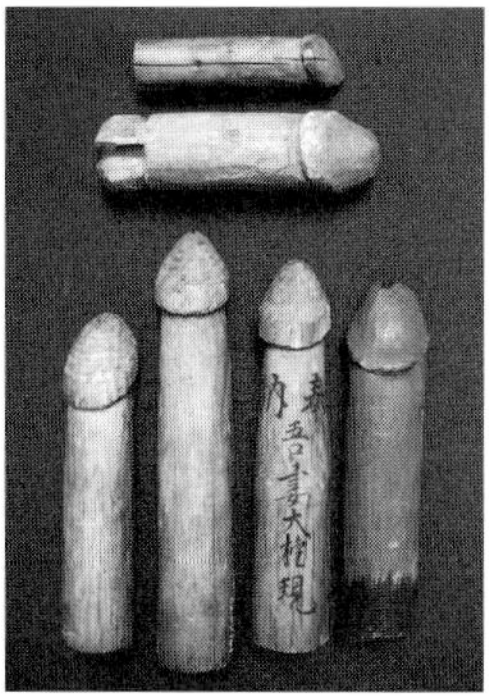

ジョージ・ウィットが大英博物館に寄贈した男根像。
©The Trustees of the British Museum.

『アダム・スコット日記』より、1864年5月31日にスコットが訪れたAzima社の様子。祠の中にご注目。©The Trustees of the British Museum.

奉納男根、木製、日本の横浜の西およそ二十マイルのところにある男根崇拝のアジマ社（the phallic temple of Azima）から持ち帰ったもの。これら粗削りな奉納品は、大理石、石、張り子、木などからつくられており、高さ四フィートと二フィートの大きな男根の周囲に設えた棚の上にたくさん置かれている。日本のこのような神社で続いてきた信仰の本来の性格は、現在ではわからなくなってしまった。しかし、アジマを訪れた二人の西洋人は、新婚の行列がこの信仰を実践していることを目撃した。

最後の説明がわかりにくいが、ふたりのうちのひとり、アダム・スコットが残した日記（ウィット・コレクション）から、さらに詳しいことがわかる。スコットは一八六四年（元治元）五月三十一日に、モアズビー海軍大佐と連れ立ってアジマ社を訪れた。祠の内部は奉納された夥しい数の男根であふれかえっていた［右頁］。モアズビーがこの地を訪れるのは初めてではなかった。以前に目にしたブロンズ製の高さ二フィートの男根が見当らないのは、訪れる西洋人が増えたため、持ち去られるのではと恐れた僧侶が別の場所に保管しているからだとスコットに説明した。

モアズビーはまた、クーパー海軍大将（おそらく薩英戦争および四国連合艦隊下関砲撃を指揮した海軍提督のオーガスタス・レオポルド・クーパー）から、こんな話も聞いていた。クーパーがアジマ社を訪れた時、結婚式を終えたばかりの若い男女を先頭に長い行列がこの祠に向かうのを見た。慣習に従い、ふたりは木製の男根を奉納したという。さらに、日本では、さまざまな種類の男根がたくさん店頭で売られていると特筆する。しかし、ウィット・コレクションの少なくとも一本には「奉納　吾妻大権現」の文字があるのだから、僧侶の恐れたとおりのことが起こったのだろう。

こうなればどうしても、アジマ社を探しに行かねばならない。スコットのいうAzimaは墨書から「吾妻社」で間違いないが、問題はそれがどこにあったかである。横浜の西二十マイル（およそ三十二キロ）は、安政五ケ国条約によって、横浜在留外国人に遊歩の自由が許された東西南北十里の範囲内に収まる。その南端線は三浦半島の浦賀の手前に引かれていた。スコットはアジマ社が島にあったというが、これは間違いだろう。範囲内にある島は江ノ島（Ezimaとは書きうる）か夏島か猿島ぐらいだが、そこに吾妻大権現はない。

西洋人が何人も訪れているというのだから人気の地である。おそらくは口コミで広まった名所なのだろう。外国人向けのガイドブック（N.B.Dennys, *The Treaty Ports of China and Japan*, London）が刊行されるには一八六七年を待たねばならない。

一方、日本の地誌では『新編相模国風土記稿』（一八四一年）巻之百十五「三浦郡巻之九　衣掛庄

長浦村」に吾妻権現社があり、「村の北方山上にあり、社頭松樹数株ありて海上通船の標となせり、祭神は橘姫命、神体木像村持」と説明されている。また、巻之九十八「鎌倉郡巻之三十　小袋谷村」にも「吾妻社」が登場するが、スコットが島だと思い込んだこと、日記に添えたスケッチの背景に青い海が描かれていることから、長浦村の吾妻権現社であることは間違いないだろう。箱崎半島の山上にあったため、スコットとモアズビーは横浜から船で訪れて海から上陸、それで島と勘違いしたに違いない。実は、ここに示した最大の男根（長さ二五・七センチ）の裏側には、「長浦村　忠五郎」という具合に、奉納者の住む村の名と名前がはっきりと記されている。

『田浦町誌』（一九二八年）によれば、その後箱崎半島が日本海軍によって接収されたため、吾妻権現社は明治三十三年（一九〇〇）に田浦へ移転したという。移築した本殿と鳥居（スコットたちが訪れた元治元年奉納）は残ったが、スコットのスケッチにある祠は現存せず、男根も失われて今は一本も目にすることができない。

けしからぬ石

スコットは鎌倉にも足を運んでいる。日記には、ある寺院で目にした女性器に似た石（スコットは「貞操の石 THE“STONE OF VIRTUE”」と呼ぶ）に関する記述が、一八六四年十月四日と翌年二月二十一日の二度にわたって出て

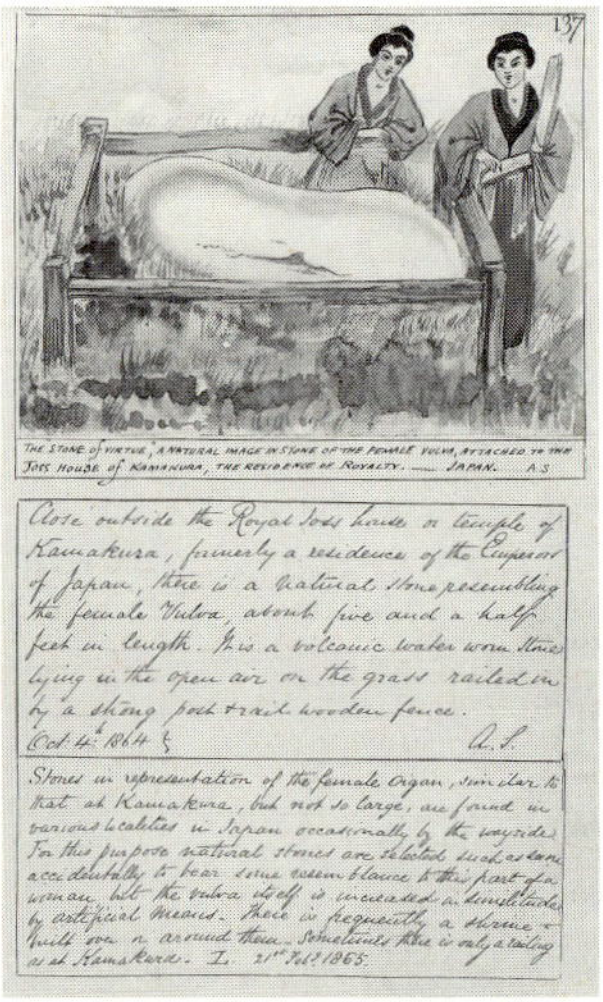

『アダム・スコット日記』より、
1864年10月4日の条の上に描かれた
鎌倉・鶴岡八幡宮の「貞操の石」。

くる。それによれば、石は自然石で長さが五・五フィート（一・七メートル）あり、屋外の草地に置かれ、周囲を木の柵が取り囲んでいる。そして、柵にもたれたふたりの若い娘を描いたスケッチが添えられている［右頁］。横たわる石の中央には大きな割れ目が入っている。

スコットは挿絵の解説に「THE RESIDENCE OF ROYALTY」と記した。おそらくそれは将軍の館、すなわち鎌倉幕府であったことを指し、場所は幕府跡に隣接する鶴岡八幡宮と思われる。

鎌倉の絵図では江戸時代後期になってはじめて、八幡宮境内に「女石」（薬師堂の裏）や「鶴亀石」（石段の上）が登場するという（澤寿郎『鎌倉 古絵図・紀行―鎌倉古絵図篇』東京美術、一九七六年）。絵図は鎌倉で繰り返し出版されたが、明治維新を迎えたあともしばらくの間、石は境内から消えない。「女石」ではなく「ひめ石」と記す絵図もある。

『誹風柳多留』（一七六五〜一八四〇年刊）に、つぎのような川柳がある。

鶴ヶ岡こはけしからぬ石を見せ（三十八篇二十八丁）
鶴ヶ岡石生娘のやうに出し（五十九篇十四丁）

また、鎌倉紀行にもつぎの記述がある。

其辺り（柳原）に陰石あり、女石ともいふ。側なる松に縁むすびの紙あまた結ひ付たり。えにしの願ひ叶ふ事いちじるしといふ。（岩村恭久『鎌倉三勝日記』一八一四年）

右のかたに姫石大明神とあがめし大石有、是をいのる時はこしよりしもの病を治すとい

（李院妻女某『江の島紀行』一八五五年）
（いずれも澤寿郎前掲書より引用）

ふ。

なるほど女石は女性器になぞらえた陰石であり、縁結びにも下半身の病気治癒にも効き目のある「けしからぬ石」どころか霊験あらたかな石であった。しかし、明治政府の神仏分離令が神仏習合の極致ともいうべき八幡宮から仏教系の建物を一掃し、仁王門を壊して鳥居を建立して清らかな境内をつくり出そうとすれば、石は淫祠や邪神と同一視され、排除される運命にあった。

『変態崇拝史』（文藝資料研究会、一九二七年）を著した斎藤昌三は、大磯の延台寺に曾我十郎の身代わり石として伝わる虎御石を「自然的な陽形で、胴廻りに七個の凹みがあるのを一般には女陰と見てゐる」と説明したあとで、つぎのように続ける。

昨今ではこの石の刷り物を出さぬことにしてゐるのは、矢張り当局へ対する遠慮でもあらうか。この虎御石と時代を同じくするものに鎌倉八幡宮の政子石がある。この石は鎌倉の案内記等にも載すもので、一種の女陰石である。色々の伝説もあるらしいが、一般には子無き婦人の子を祈願するやうに崇拝されてゐる。

注意深く鶴岡八幡宮境内を歩けば、この石が健在であることに気付くだろう。鳥居をくぐると、太鼓橋をはさんで右が源氏池、左が平家池である。その源氏池に浮かぶ中の島に旗上弁財天社が再興されたのは昭和三十一年（一九五六）、廃仏毀釈による破却から八十六年目の復活であった。祠は昭和五十五年に建立されたが、その背後に、まるで人目を避けるかのように石は置かれている。柵で囲まれ、近寄ることができない。石は二つに割れているものの、柵越しに覗き込めば、「女陰」たる割れ目ははっきりと見える。うっかり池にはまらないようご注意願いたい。

この石の現状を『芸術新潮』誌面に紹介しようとして撮影を拒否された。八幡宮の言い分はこうである。公式見解は「政子石拝観　古来縁結びの霊能があり、姫石とも称し世に知られている」（島の入口に掲示された『旗上弁天社御由緒記』による）。縁結び、子授け、夫婦円満などの文脈で紹介する分には構わないが、「女陰」ととらえてもらっては困る。昔イギリス人がそう書いたからといって、それは外国人の見方に過ぎない。

おかしいな。スコットよりも早く、スイス遣日使節団長のエーメ・アンベールが文久三年（一八六三）の夏に鶴岡八幡宮を訪れた時には、わざわざ神官が石のところまで案内してくれたというのに。

彼は、女陰にそっくりな割れ目に目をつけるように注意し、これは自然にできたものだと主張した。だが私には、偶然そんな筋がなんとなくあったのを、

スコットのいう「貞操の石」は、現在の鶴岡八幡宮では「姫石」「政子石」と呼ばれ、弁天社の奥の方に祀られている。
イラストレーション＝木下迪

神官たちがナイフでこうした形に仕上げたもので、ともかく、これで、あわよくば性器崇拝《リンガ・ブラマニク》linga brahmaniqueをこの岩に起させようともくろんだものと思われた。奉納したものだけでも、多くの参詣人があることを実証している。

（エーメ・アンベール『幕末日本図絵』上、高橋邦太郎訳、雄松堂書店、一九六九年）

アンベールは、柵をめぐらした大きな石のすぐ傍らに木があり、そこには参詣人の奉納したものが吊るされていたことも証言している。

縁結び、子授け、夫婦円満などは女陰石ゆえの御利益であり、それを写真で紹介することの何が問題なのかがわからない。どれほどの不都合があるだろうか。そこで、本書読者の善男善女には、せめてスケッチでご覧いただくことにした［前頁］。

腰巻きで隠されたわけではないが、見えないヴェールがすっぽりとこの石を覆ったままなのである。

踏み潰すべし

明治四十一年（一九〇八）の文部省美術展覧会（文展）で、朝倉文夫の男性裸体彫刻《闇》が官憲から性器切断を命じられた事件の背景には、近代社会の表舞台から性器表現を隠してきた歴史がある。むろん、前近代であっても、それを公然と露にすることが許されていたわけではないが、各地の祠や路傍をはじめ、然るべきところにそれらはあった。すなわち、「俗にいふ水商売の家、料理店、芸娼妓、席亭、芸人等」に祭られていた。しかし、次のように明治政府ははっきりとそれらの排除に乗り出した。「従来遊女屋其ノ他各宿等ニ祭リアル金精明神儀風俗ニ害アルヲ以テ、自今早々ト取捨テ踏潰スベシ」（「太政官令」明治五年三月、ともに『変態崇拝史』より）。「金精《こんせい》」は「金勢」とも書き、男根を指す。直ちにそれらを捨てろ、踏み潰せとは、なんとも激しい表現である。

　この命令を受けて、早くも翌月の「東京日日新聞」が、両国や柳橋から捨てられたたくさんの男根が、隅田川を流れていった時の様子をこんなふうに生々しく伝える。「件の陽物は底に土の重みある故、皆水面に亀頭《あたま》を顕し陸続として浮み流れしが、其小なるは金色を帯び、其大なるは丹色を帯び、実に一笑に堪ざる光景なり」（明治五年四月八日付）。

　しかし、表舞台からは姿を消したものの、世の中から男根崇拝が一掃されたわけではなかった。

松本市立博物館に展示された「オンマラさま」。
右は同市和泉町のもので、嘉永2年（1849）作、
館蔵品では最大の94cmを誇る。中は同市本町1丁目、
左は同市蟻ヶ崎のもの。松本市立博物館蔵
撮影＝筒口直弘／新潮社

先にふれた鎌倉のもうひとつの吾妻社は大正十二年（一九二三）の関東大震災で倒壊し、その後は厳島神社に合祀された。明治二十年ごろまでは「此処にも質の柔い鎌倉岩で造られたのや桐製の男根が奉納され」（斎藤未鳴「金山神社と吾妻神社」『郷土趣味』第五号、一九一八年）、「大震災前までは徴兵忌避の神さまとして、信仰を集めていた。東京、横浜方面からもお参りにきていてたいした信仰があった」（『鎌倉市文化財資料 第七集 としよりのはなし』鎌倉市教育委員会、一九七一年）という古老の証言は、そこが根強い男根崇拝の場であり続けたことを伝える。また、「しゅろなどで男根をこしらえたのを供えて徴兵忌避を祈願した」（大藤ゆき『鎌倉の民俗』かまくら春秋社、一九七七年）という別の証言もある。

　ふらりと立ち寄った松本市立博物館の展示室で、ガラスケースの中に林立する男根を見て目を見張ったことがある。大きなものは一メートル近くもあり、スコットの伝える「高さ四フィートと二フィートの大きな男根」を髣髴とさせる。信州は道祖神が数多く残されていることで知られるが、道祖神といっても路傍の石像ばかりでなく、さまざまな形態がある［163頁参照］。博物館は木像の道祖神を七種類のタイプに分け、「オンマラさま」と呼ばれてきた男根型をその一種に数え、「男神像のもともとの形」と位置づける（「祈りと偶像」展図録、松本市立博物館、二〇〇六年）。

オンマラさまを持って神札配りに出る子供たち。
1993年1月30日、松本市笹賀今にて。
撮影＝窪田雅之　提供＝松本市立博物館

文明開化の波は信州にも及び、それどころか明治六年開校の開智学校からも明らかなとおり最先端をゆく県であったが故に、男根崇拝を根底から否定した。まさしく明治六年三月の「信飛新聞」第四号にこんな投書が掲載された。

如何ナル陋俗ノ献納セシニヤ、男根女陰ノ像若干神前ニ供備シ、又春画ニ等シキ額面許多ヲ奉掲セリ、其醜状《シウヂヨウ》啻《タダ》ニ人ヲシテ嘔吐《オウト》セシムル……神官幷村吏ヘ命令アリテ、社頭ノ醜物一切取纏メ、焼捨タリトゾ。

それにもかかわらず、この地でも男根崇拝は道祖神信仰の一部として根強く続いた。「オンマラさま」は、冬の道祖神祭りにこんなふうに登場する。ふだんは町内で保管している「オンマラさま」を、この日ばかりはこどもたちが持ち出し、それを抱えて各家を回わる。玄関に「オンマラさま」を置いては賽銭を集める。置かずに投げ入れる場合もあり、男根の背後に手繰り紐が付いているものもある。集めた賽銭はこどもたちの小遣いになった。「オンマラさま」を路傍に祀り、通せんぼうをして賽銭を強要し、応じなければ野卑な言葉を浴びせて悪態をつくこともこの行事のスタイルだった。

もともとは「子供仲間」、すなわち十五歳以下の少年たちのグループが担ってきたが（そこには「オヤカタ」がいて「コブン」がいた）、戦後になって道祖神祭りをめぐる状況は一変する。女の子が加わるようになり、一方で、新たに設けられた教育委員会とＰＴＡが指導と規制を強化したからだ。「オンマラさま」は風紀上好ましくないものとされ、次第に退場を余儀なくされた。

その受け皿が博物館だった。松本市立博物館は日露戦争の戦勝記念で建設されたという長い歴史を持ち、役割を終えた、というよりも役割を奪われた男根の行き先としては最もふさわしい場所だった。こうして、昭和三十年代前半までに、市内各町より男根を含む道祖神像がつぎつぎと寄贈された。その数九十五点に上り、昭和三十四年には早くも、他の資料とともに一括「民間信仰資料コレクション」として国の重要民俗資料（現在は重要有形民俗文化財）に指定された。

今回、大英博物館も松本市立博物館も、開かれた博物館として快く情報を提供してくれた。われわれの社会にもしも博物館という施設がなかったとしたら、男根崇拝を正しく理解することはできない。鶴岡八幡宮の女石のように、たとえそれらが本来の場所に変わらずにあったところで、意味や解釈はいとも簡単に変えられ、安易な隠蔽に走るという現実が一方にあるからだ。

股間話休題

話題を転じて、前橋に戻ろう。一年ぶりに前橋駅に降り立ったのは、実は《建設と平和》像にではなく、三島由紀夫像に会うためであった。

三島が死んで九年後の昭和五十四年（一九七九）に、毎日新聞社が「三島由紀夫展」を企画し、伊勢丹新宿店を皮切りに、仙台、名古屋、静岡を巡回させた。創作ノートや原稿、肖像写真や舞台写真はもちろん、愛用の文房具や装身具や置物などの遺品が会場にところ狭しと並んだ。

出品目録の冒頭には、いきなり「彫刻 三島由紀夫等身大ブロンズ像 分部《わけべ》順治作」が登場する。なるほど展覧会図録には、全裸の三島由紀夫像がカラー図版で掲載されているが、一見してそれは卓上サイズであり、「等身大」ではないとわかる。三島由紀夫邸の三階「左の間」の半円形のソファーの後ろに置かれていたミニチュア像がそれに違いない（篠山紀信『三島由紀夫の家』美術出

1997年に遺族より群馬県に寄贈された分部順治作品29点は、
前橋市のさる独身寮に置かれている。群馬県企業局蔵
撮影＝筒口直弘／新潮社

版社、一九九五年）。

なぜ分部順治を選んだのかは定かでないが、三島は自衛隊市ヶ谷駐屯地に乗り込んで自決することになる昭和四十五年（一九七〇）の春に、「自らをモデルとする40センチほどの男性像」をつくらせている（佐藤秀明・井上隆史編「年譜」『決定版 三島由紀夫全集』四十二巻、新潮社、二〇〇五年）。戦後日本の「建設と平和」に憤って死んだ三島の選んだ彫刻家が《建設と平和》像の作者であったとは何とも皮肉な話だ。

この年、死を決意した三島が、急ぐように「男の死」というテーマでさまざまな死に様を演じた写真を篠山紀信に撮らせていたことは、椎根和『平凡パンチの三島由紀夫』（新潮文庫、二〇〇九年）に詳しい。自決の八日前にあたる十一月十七日の夜には、写真集『男の死』を絶対に世に出そうと薔薇十字社の編集者内藤三津子に語り、その場で出版契約書を交わし、実印まで押したという。以下「年

三島由紀夫がモデルの
分部順治《恒》
1970年　石膏　高198cm
群馬県企業局蔵
撮影＝筒口直弘／新潮社

譜」によれば、二十日には殉死する森田必勝を伴って篠山のスタジオを訪れ、写真集に掲載すべき写真を密着印画から選んで決めた。しかし写真集は完成せず、遺族の意向で写真はお蔵入りとなった。

さらに二十二日には、瑤子夫人とふたりの子を連れて分部のアトリエを訪れ、等身大の三島像の粘土原型と対面している。秋に入ってから、三島は日曜日ごとにモデルを務めていた。写真でも彫刻でもいいから、間もなく消滅する身体の代わりを、何としてもこの世に残して行きたかったのだろうか。

アトリエを出た後、三島一家は銀座に向かい、弟一家と合流し会食をした。翌日からは、行動をともにする楯の会の同志四人とパレスホテルに籠って決起行動の準備・予行演習に勤しむことになるのだから、二十二日の彫像との対面は最後の家族サービスだった。

分部順治は高崎に生まれた。その縁から分部の遺族がアトリエに残された彫像作品を群馬県に寄贈しようとしたところ、なぜか群馬県立近代美術館は受け入れず、なぜか企業局の管理下に置かれた。それを知り、写真同様に陽の目を見ない彫像に会いに行くことにしたわけである。

三島由紀夫像（石膏原型）は、たくさんの男女裸体像とともに、県の独身寮の玄関ホールに置かれていた［31頁］。全裸の男たちは突っ立ち、全裸の女たちは体育座りといった趣きで、ブラインドを閉め切ったそれほど広くはない部屋を占有し、一歩足を踏み入れると息苦しい思いにとらわれた。

ロダンの《青銅時代》によく似た男とは、前に一度会っている。頭に置いた手が右と左の違いだけといってもよいくらいに瓜二つだ。《新秋》と名付けられたそれは練馬区立練馬文化センターの前にいる。冒頭で述べたとおり、文化センターや体育館が彼ら股間若衆の好んで立つ場所なのである。

三島は腕を後ろに組んで、身体をねじるように立ち、右方向に目を向けていた［32頁］。ボディビルで鍛えた胸の筋肉が見事に盛り上がっている。そのポーズは卓上サイズの彫像とあまり変わらないが、股間表現が決定的に異なる。股間だけが押しつぶされたように表現され、結果として葉っぱをまとったように見える。

三島としては、ナポレオンとは逆の意味で不本意だったのではないか。三島の愛した古代ギリシャ・ローマ彫刻にそんな表現は皆無だからだ。三日後には日本刀を突き立てることになる自らの身体を、三島はどのような思いで外側から眺めたのだろうか。

三島由紀夫像は《恒《こう》》と題されて、昭和五十一年の第六回日彫展で公開された。さらに分部が亡くなった平成七年の第二十七回日展では、遺作として出品されている。群馬県に移ったのは、その二年後である。それからこの部屋で過ごして、人目にふれることなく歳月だけが流れた。ここでの暮らしがいつまで続くかわからない。

日展といい日彫展といい、朝倉文夫や白井雨山の時代から変わらずに、今なおそこは裸体彫刻の発表の場であり続ける。女性像が圧倒的に多いが、男性像もそれなりにいて、ついでわずかな動物像、限りなくゼロに近い風景彫刻がある。

いつも会場を訪れるたびに、会場を埋める裸体彫刻の閉幕後の行方が気になる。その大半は作者の家に戻るのだろうが、さて作者が亡くなり代が替われば、ただでさえ肩身の狭い男性裸体彫刻には、それから先の居場所は現代の日本にほとんど用意されていない。

「股間若衆」と声をかけ呼び出してはみたものの、彼らの多くはやがてまた姿を消してしまうだろう。三島由紀夫像との束の間の対面が終わると、窓にはブラインドが下ろされ、灯りが消され、独身寮の玄関ホールは再び鍵で閉ざされた。

股間風土記

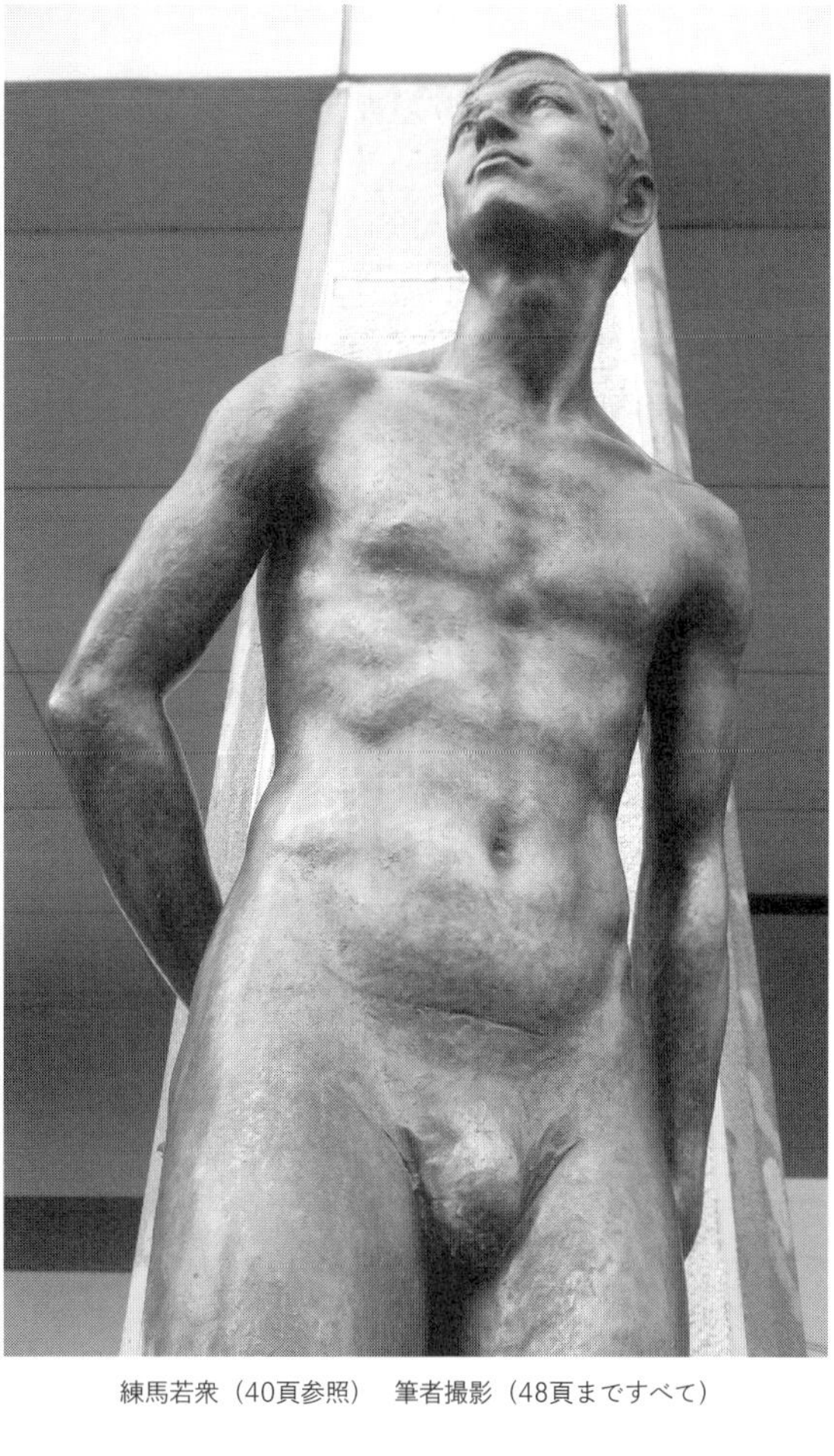

練馬若衆（40頁参照）　筆者撮影（48頁まですべて）

旭川

Asahikawa

一 北限の裸のサル

北限の、と書いただけで震え上がる。股間、と書いただけで縮み上がる。この感じは男にしかわからない。とはいえ旭川を訪れたのは初夏だったから、青年は風に吹かれてとても気持ちよさそうだった。少しうなだれてはいるけれど、拳を突き上げ、全身に力がみなぎる。青年は旭川市役所に向き合って立つ。市民代表という感じである。一九六一年からここにいるというから、すでに半世紀を越えて北海道の風雪に耐えてきた。いまは我が世の春を謳歌する旭山動物園も、一九九〇年代前半には入園者が落ち込み、閉園の危機に瀕した。青年は拳を突き上げ、旭山動物園を潰すな、オレたちだって仲間だ、裸のサルだ、と叫んで、勢い余ってその時に服を脱ぎ捨ててしまったのだろうか。北限のサルといえば青森県下北半島が有名だが、わたしの知るかぎり、この青年が北限の裸のサルである。

札幌
Sapporo

二 淡水パンツの男

大通公園というぐらいだから、人目をはばかり、さすがにパンツは脱げなかったのだろう。こんなパンツ男は日本にいくらでもいる。あとから続々と登場する。しかし、頭にかぶったタオルが理解できない。男が全裸で、羞恥心を持ち合わせていたなら、楽園のアダムのように、一本のタオルで顔を隠すべきか股間を隠すべきかと迷ったかもしれない。もっとも、温泉でも銭湯でも、顔をタオルで隠して浴室に入ってくる男を見たことはない。近づけば、男はタオルの下から顔を出して、じっと遠くを見つめていた。《湖風》という題名が手がかりになる。男はひと泳ぎしたあと、湖畔に立って風に吹かれているのだろう。するとパンツは海水パンツならぬ淡水パンツということになる。このあとに登場する米沢若衆や広島若衆と比べるとよくわかるが、パンツの中身もしっかり表現されている。

三　股間隠して尻隠さず

米沢

Yonezawa

全国の股間若衆を訪ねる股間巡礼をはじめて何年も過ぎた。誰がどこにいるのか、何も知らずに闇雲に歩いてきた。だから、知らない駅に降り立つと、真っ先に駅前広場を見渡す。こんなにうれしかったことはない。広場の奥の方に立っているのがすぐにわかったよ。ずっと待っていてくれたんだ、って。新雪がまぶしかった。お互いに駆け寄って、広場の真ん中でしっかりと抱き合った感じだった。実際には、わたしだけが雪に足をとられながら駆け寄ったのだけど。後ろに回ったらお尻がむき出しで驚いたよ。あれっ、パンツじゃなかったの。さっき、パンツ男って紹介しちゃったよ。いったいどうなってるの。股間隠して尻隠さず。「本場米沢スタミナ鉄板焼九八〇円（ライス・サラダ・みそ汁付き）」や「米沢ラーメン・そば」を食べている客から丸見えじゃないか。

高崎

Takasaki

四

たまには簀巻きに

簀巻きにされる前の姿を知りたければ、拙著『股間若衆』六十八頁の図版をご覧になるといい。いや、それよりも高崎駅前に降り立つ方が手っ取り早い。きっとまた元の姿、というよりも生まれたままの姿で立っているはずだから。向かって右が男、左が女だ。男が女を眺め、女はその視線を外している。女の名前は《希》、男の名前は《望》だから、それぞれの願いは通じ合っていないと見るべきか。ふたりに何があったのかは知らないが、たまには簀巻きにされたいと思ったに違いない。人生にはそんな時がある。銅像の人生にだって、そんな時があってもいい。素っ裸で駅前に立っているのも飽きちゃったし。《希》はいつまで経っても俺を見てくれないし。そうね、わたしも一度こんな素敵な服を着てみたかったわ。毎日毎日、着飾ったひとたちを眺めているだけだったんだもの。そんな会話が聞こえてきた。

練馬

Nerima

五 パンツの王様

体育館の前にいるから、いつもその下を子どもたちが元気に通る。ひとりぐらいは下から見上げて「王様は裸だ」と叫ぶ子どもがいてもよさそうなものだ。女の子にそう言われて、思わず王様は目をそらせた、という光景に見えなくもない。しかし、わたしぐらい目が肥えてくると、「王様はパンツ一丁だ」と見抜いてしまう。そして、なぜパンツは豆腐同様に一丁、二丁なんだと悩んでしまう。素人のみなさんはあきらめた方がよい。いくら目を凝らしても、パンツをはいているか、はいていないのかよくわからない［35頁］。警官にこんなところで何やっているんだと職務質問されたら、いや、ちゃんと隠していますと答えられる。美術館学芸員に芸術のためなら何も恥ずかしがることはないと言われたなら、もちろん全裸だと胸を張れる。紙一重ならぬ布単衣。

鎌倉

Kamakura

六 Dear Friends

はじめてふたりを見た時、家に連れて帰りたいと思った。ふたりは古道具屋の店先で、火鉢や壺やゴルフのクラブなんかといっしょに売られていたのだと思う。ふたりだけが路上にはみ出していたから、商品ではなく、看板息子だったのかもしれない。それを確かめることができなかったのが残念だ。なぜなら、店主はふたりをほったらかしにして店のシャッターを下ろしていたし、つぎにこの店を訪れたら、店ごとなくなっていたからだ。まぼろしのように何もかもが消え失せていた。だからこそ、あの時連れて帰ってあげればよかったという思いが、この写真を見るたびに募る。いまごろ、ふたりはどこでどうしているだろうか。いや、どこにいようと逆さ吊りを続けているに違いないが、ひとりだけ頭に血が上ってさぞかしつらいだろう。ちなみに、Dear Friendsは男がふたりで写っている写真だけを集めた写真集のタイトル。

静岡

Shizuoka

七 陽物比べ

とは要するにチンコの見せ合い、どっちが大きいだの、どっちが反っているだの、くだらない自慢合戦だが、日本には古くからあったようで(今夜もどこかで繰り広げられているかも)、古くは鳥羽僧正の時代、新しくは明治になって絵金や河鍋暁斎《きょうさい》が絵にしている。勝負がテーマゆえに「勝絵《かちえ》」ともいう。陽物比べと放屁合戦からなる「勝絵絵巻」が三井記念美術館にある。おそらくは室町時代に描かれた最古の写本。なかなか目にする機会がないが、永青文庫の「春画展」(二〇一五年)で公開されたことは記憶に新しい。どうやらその時、絵巻の中から小僧がひとり逃げ出したらしい。すぐに全国指名手配となった。しかし、警察は致命的な間違いを犯した。ひたすら二次元の世界を探しまわったからだ。ところがどっこい、小僧は三次元の世界に飛び込み、追っ手をかわした。西へ西へと逃げて静岡に至り、もう大丈夫だろうと安心して、駅前商店街で羽根を、いや陽物をのばしていたところを御用となった。この際、全国の股間若衆に告ぐ。股間探偵の目を逃れることなどできない。

松本

Matsumoto

八 お家へ帰ろう

お家へ帰ろう。こんなところにいてはいけない。長い間ごくろうさま。時代は変わった。少し前に「児童買春、児童ポルノに係る行為等の規制及び処罰並びに児童の保護等に関する法律」、つまり児童ポルノ法が改正されて、いちだんと厳しくなったんだ。もちろん、この法律にいう「児童ポルノ」とは、実在の児童を表現した「写真、電磁的記録に係る記録媒体その他の物」であって（第二条）、ブロンズで出来ているきみが「その他の物」には含まれないだろうし、この法律の適用が「文化芸術活動」を不当に侵害しないように釘を差しているから（第三条）、まだ大丈夫。誰もがきみのことを彫刻作品、芸術作品だと思っているからね。でも、「衣服の全部又は一部を着けない児童の姿態であって、殊更に児童の性的な部位（性器等若しくはその周辺部、臀部又は胸部をいう）が露出され又は強調されているものであり、かつ、性欲を興奮させ又は刺激するもの」を描写しちゃダメという以上（第二条）、本当は紙一重なんだよね。

広島

Hiroshima

九 場違いな奴

驚いた、のなんの。地下街から階段を駆け上がったら、いきなり現れるんだから［上2点］。繁みの中から飛び出してきたのかと思った。そんなふうに跪かれたって、何もあげないよ。ずっとここにいるの。《夢の待ち人》だなんて看板出して、お前さんの夢はいったい何だい。ダンサー？　レスラー？　スイマー？　いずれにしても、ここはあんまりいい場所じゃない。場違い。昔の言葉でＴＰＯがわからない。少し昔の言葉ならＫＹ。この先に平和記念公園がある。そこならたくさんのひとに見てもらえるのに。でも、そこでもやっぱり場違いな奴といわれるだろう。

ちなみに、原爆慰霊碑の脇に《祈り》という子どもを抱いた男女の裸体像が立っている［下］。この腰巻きが、米沢若衆に似て、どう巻きついているのかさっぱりわからない。

もともとこの山は国東半島の僧侶たちの聖なる修行の場だから、男がその峰に立とうとした時、反対意見が喚々と上がった。男が裸であることが問題だった。その裸は彫刻家自身の身体から型を取ったと聞けばひどくリアルなものを想像させ、その想像は股間へと収斂し、設置反対派の一部はこれを「男根像」と呼んで非難した。聖地を性地にしてはいけないと。実際に会えばわかるが、男の身体は生々しさに欠ける。風雨に曝されて鉄の皮膚は錆びつき、男根は股間に埋没、とまではいわないが、身体の一部に過ぎない。ことさらにこの男を「男根像」と呼ぶ理由がわからない。彫刻家によれば、鉄の皮膚は内側にも空間を宿した人間の身体とその外側に広がる広大な宇宙との境界面を示すものだという。人間がそうであるように、この男もやがて自然の中で朽ち果てる。そのことも織り込み済みである。

国東

Kunisaki

十 雨ニモ風ニモ負ケテ

鹿児島

Kagoshima

十一 体育会系

股間若衆が好んで生息する場所は、男たちが裸になる場所、裸になっただけでは物足りずに自慢したりする場所、そういう裸を目指してせっせと肉体改造に励んでいる場所……だということは前著『股間若衆』に書いた。練馬若衆も浅草若衆もそうであるように、彼らは体育館が大好きだ。鹿児島にもいるかなと思ったら、やっぱりいた。それも建物の正面に。公園などで手持ち無沙汰で立っている奴らに比べればはるかにプライドが高い。何といっても体育会系だから、機会あれば世の中の役に立ちたいとも思っている。背後に回って感心した。足元に「お弁当空置き場、市民体育館」という張り紙を貼り、率先して汚れ仕事を引き受けていた。見上げたもんだ。いや、彼らは高い台座の上にいることが多いから、彼らの股間は本当に下から見上げなければならない。

指宿

Ibusuki

十二　足湯のつもりが

　足先だけのつもりだった。つぎの電車が来るまでの時間を過ごそうと軽い気持ちで靴を脱ぎ、靴下を脱ぎ、ズボンの裾をまくり上げて足を湯に浸しただけだったのだ。まさか、こんなふうに着ていたものを全部脱いでしまって、ずうっと駅前に立つはめになるとは夢にも思わなかった。楽園だね。この世の天国だね。地熱でぽかぽか。いたるところに温泉あり砂風呂あり。いったいどこに行く電車を待っていたのか、すっかり忘れてしまった。このままここで暮らそうと思ったら、わたしもあんたといっしょに生きて行くって、うれしいこと言ってくれるねえ。隣の女が裸になってくれた。子どもまで授かったから、これからもずっとここで暮らしていくよ。幸せ過ぎてこわい。

番外　錆びて行く私

リバプール
Liverpool

この男の前に立った時、宇野千代の自伝『生きて行く私』（中公文庫）が頭をよぎり、「錆びて行く私」という言葉が口をついた。

　リバプール郊外のクロスビー海岸に、三キロメートルにわたって百人の鉄の男が立っている。誰もが海を見つめている。自殺願望者だと早とちりしたレスキュー隊が駆けつけたこともあったという。潮風に吹かれ、砂を浴び、雨に打たれ、波に洗われても、じっとしたまま動かない。

　一九九七年から立っているというから、もう二十年になる。錆びつき、フジツボを身にまとい、それぞれに風貌を変えてきた。もちろん、富士山のないイギリスでは「フジツボ」とはいわない。ダーウィンは固着生活に入る前のそれを「動く蛹」と呼んだらしい。

　いつの日か、崩れ落ちる時がくるだろう。ごろんと砂浜に横たわり、そのまま放置されるのか。それとも、めざとい奴が男を連れ去り、マーケットで売り出すのか。そうなれば、アントニー・ゴームリーの作品ということで、さぞかし高値で売れるだろう。美術館の展示室に置かれたならば、海岸とは異なる感動を与えるに違いない。

　こんなふうに、ゴームリーの彫刻は美術館の内と外を行ったり来たりする。温湿度の管理された美術館展示室が絶対の居場所ではないと教えてくれる。東京国立近代美術館にはガラスを隔てて、内と外にひとりずつ鉄の男が立ち、向かい合っている。会うたびに、外の男は、少しずつではあるが姿を変えている。もちろん、先に紹介した国東若衆もゴームリーの手になるもの、いや型取りだから、ゴームリーの身体になるものだ。

　宇野千代は百歳を目前に死んだ。さて、リバプール若衆はいつまで生きつづけるだろう。

日本美術の下半身

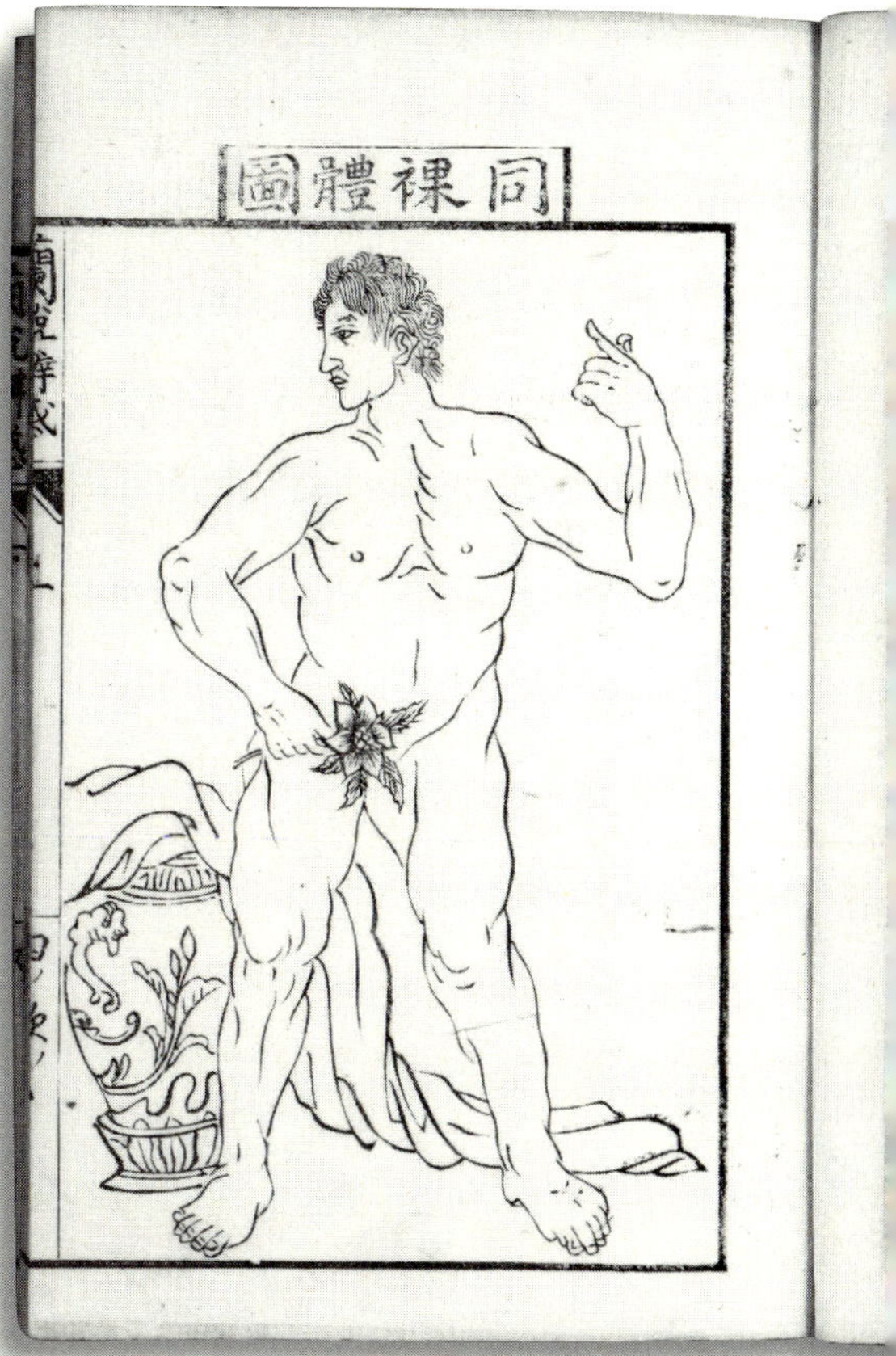

大槻玄沢『蘭説弁惑』（1799年）掲載の裸体像
早稲田大学図書館蔵

開股間一番

教師が美人を画て春と題したるを、心得なき人は見て、只草の上にはだかの女がねころび居るかなと思ひ、熱帯地方の野蛮人はともかくも、欧州などにて女が裸体にて芝原に臥すると云事はなしなど丶、色々馬鹿な評を下す可く候

――黒田清輝（一八九〇年四月十七日付、パリ発、父宛ての書簡）

もう我慢できません。私が慢性ゲリバラ中耳炎だからではありません。たまたまファッション写真が氾濫しているのにすぎないのですが、こうでてくる顔、でてくる裸、でてくる私生活、でてくる風景が嘘っぱちじゃ、我慢できません。これはそこいらの嘘写真とはちがいます。

――荒木経惟（『センチメンタルな旅』一九七一年、私家版）

女の裸ばかりでなく、嘘っぱちの男の裸についても、
色々馬鹿な評を下したく候

――もう我慢できない心得なき者（二〇一七年）

頓珍漢な約束

聖地へ

男の裸を追いかけている者にとって、とはいえ追いかける相手は生身の身体ではなく金属製の夏は熱く冬は冷たい身体なのだから、そんな酔狂な人間がこの世の中に大勢いるとは思えないが、わたしには、佐賀城公園の「古賀忠雄　彫刻の森」は聖地だった。

男の裸、すなわち股間若衆を好んでつくる彫刻家がいる。朝倉文夫、北村西望についで、古賀忠雄の名を挙げないわけにはいかない。大分、長崎、佐賀、三人はいずれも九州の生まれだ。とっても気になる。

この三人に限らず、股間若衆を好んでつくる彫刻家の生まれ故郷や住んで制作をつづけた町で、股間若衆はよく見つかる。そのことにはずいぶん前から気づいていたが、まさか佐賀にこれほどたくさんの股間若衆が住んでいるとは思わなかった。

佐賀駅からお城に向かう一本道で、すでに何人もの股間若衆が迎えてくれる。公園の入口にはふたりの若衆が思い詰めたような姿で立っていた［下］。

古賀忠雄《二つのみち》
1962年
佐賀県立美術館蔵
筆者撮影（55頁まですべて）

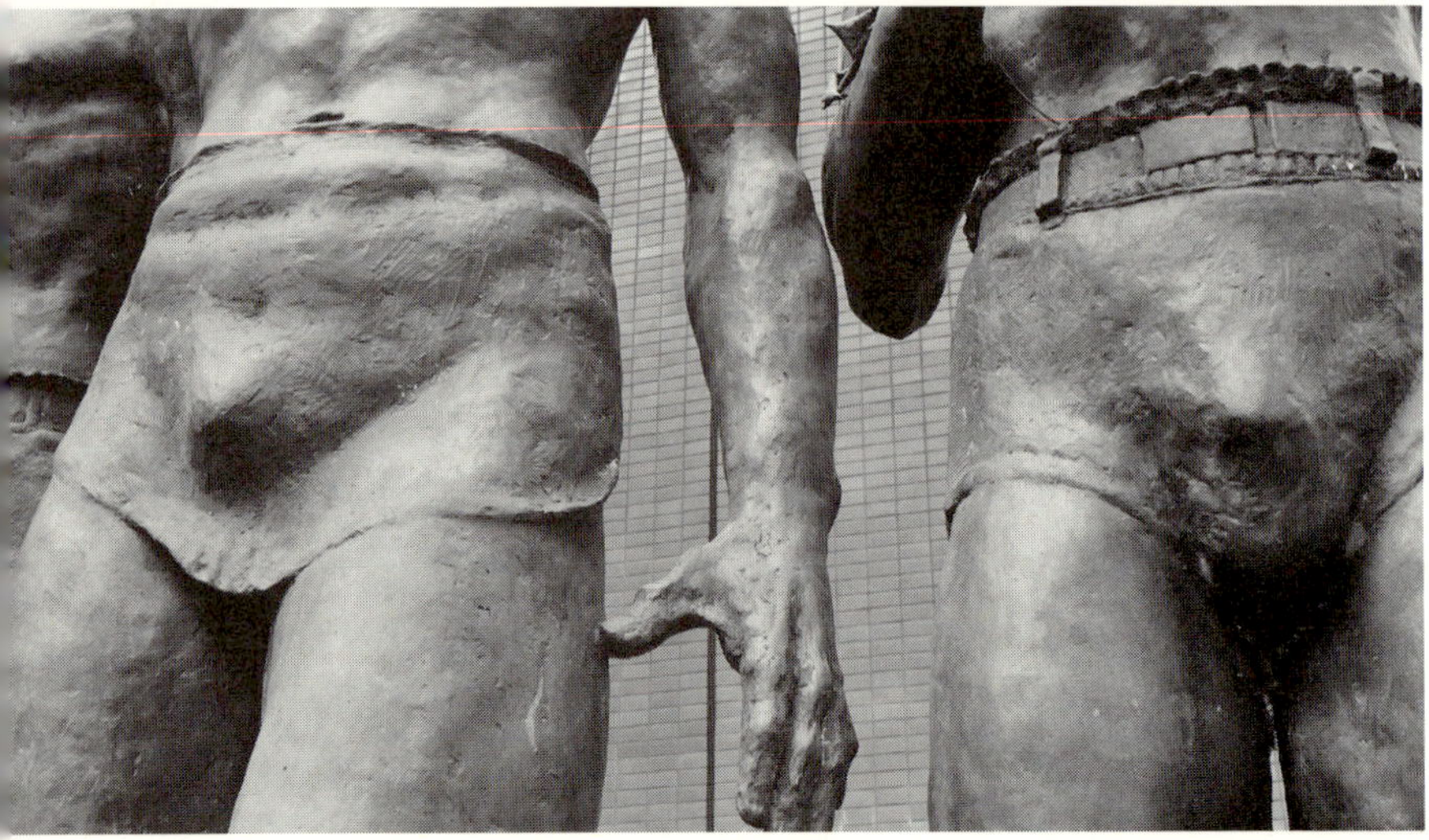

肩をがっくりと落とし、打ちひしがれた様子。頭からかぶった布は長く延びて、そのまま股間を隠す。ただならぬ沈黙、微妙な距離。真っ昼間から、天下の往来で、ほぼ全裸で、いったいふたりに何があったのか。もちろん別れの情景だとは思ったが、台座に記されたタイトルは《二つのみち》、当たらずとも遠からずだった。ふたりはこれからそれぞれの道を歩むのだろう。公園内には佐賀県立美術館と博物館があり、その前庭にも中庭にも、股間若衆は古賀忠雄の彫刻作品として展示されている。

裏庭に回って驚いた。密集地帯だ。群生地と呼んだらよいか。長く股間巡礼をつづけてはきたものの、股間若衆に取り囲まれたことはついぞなかった。《呆心》、《幻想》、《限界》、《圧》、《シャモと男》といったタイトルからもわかるとおり、彼らは一癖も二癖もある連中ばかりだ。体臭がむんむんと伝わってくる。前庭と裏庭では昼と夜ほども違う。

《漁夫三想》［上、左頁下］の前に立ってみよう。さっきの《二つのみち》のような二人若衆は各地でたまに見かける。しかし、三人若衆は珍しい。前著『股間若

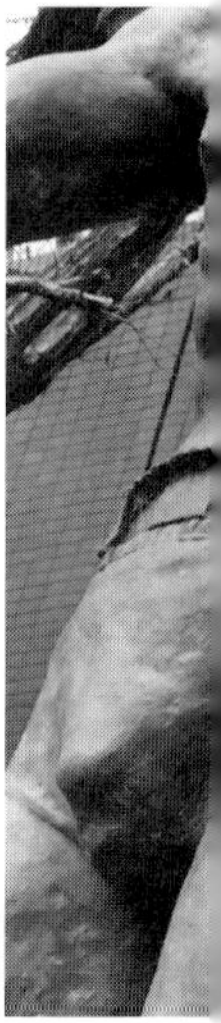

衆』では、東京のお濠端で見つけた三人に表紙への登場を願った。

ふたりでさえ、ふたりの間にはさまざまな関係が生じるものだ。肩を組んだり、手をつないだり、顔をそむけたり。そこにもうひとり加われば、人間関係はさらに複雑になるはずなのに、画家が絵でそれを表現するようには、彫刻家はうまく表現できない。彫刻では、三人がいる状況を明快に表わせず、身振りに頼らざるをえないからだ。

漁夫三人の六本の腕は、興福寺阿修羅像のように一見雄弁だが、結局何を訴えているのかわからない。男の身体の組み合わせの魅力を伝えようとして、そこにとどまったままではないか。

むしろ、正面に立った時に目の高さにくる股間の方がはるかに雄弁だ。微妙にかたちが違う。両脇のふたりがパンツで、真ん中のひとりが布切れ一枚という組み合わせもよくよく考えてのことだろう。釈迦三尊、布切れ男が有難い本尊仏で、パンツ男が脇侍仏に見える。あるいは黄門様と助さん格さんセミヌード篇。

布切れ、パンツそれぞれの中身をどう表現するのか、実はこれこそが男性裸体像を表現する際の彫刻家の腕の見せ所、苦心の為所《しどころ》なのである。あるいはこうもいえる。露骨に表現しないようにしないようにと、創意工夫を重ねる。むき出しはいけない。遠回しに遠回しに表現する。そうせざるをえない歴史を彫刻家は歩んできたからだ。前著『股間若衆』につづいて、再びこの話をゆるゆると始めよう。もちろんゆるふんについても、いずれ話題にするつもりだ。

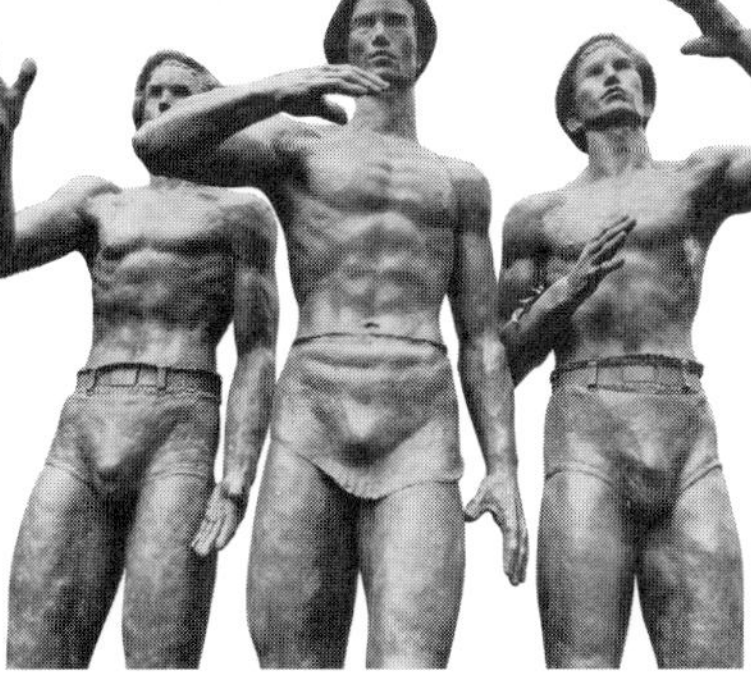

古賀忠雄《漁夫三想》
1954年
佐賀県立美術館蔵
上図は同作の部分

古賀忠雄《語らい》
1967年
佐賀県立美術館蔵
左頁は同作の部分

やっぱりふたりは裸だ

佐賀城のお濠をはさんだ向こう側の道にも股間若衆の姿がちらほら見えたので橋を渡った。そこもまだ「古賀忠雄　彫刻の森」の中で、佐賀県立博物館・佐賀県立美術館のウェブサイトによれば、この森はこんな目的で設置されたという。

> 「古賀忠雄　彫刻の森」は、古賀氏の代表的な彫刻作品を県立博物館や美術館周辺の野外（佐賀城公園）に展示し、周辺環境を芸術空間として彫刻家・古賀忠雄の作品のすばらしさを多くの皆さまに鑑賞していただくため、平成6年3月に開園しました。

だから、芸術空間の中に浸って作品のすばらしさを鑑賞すべきであって、「黄門様と助さん格さんセミヌード篇」だなんて思ってはいけない。いや、思ってもいいけれど、それを公言すべきではない。ましてこんなふうに文章に書いてはいけない。そうした分別をその日も持ち合わせていないわけではなかったが、《語らい》［上］という彫刻作品の前に至ってとうとう限界に達した。アラーキーではないけれど、「もう我慢できませ

ん」［50頁開股間一番参照］。

珍しく女が登場する。目を閉じ両足を開いた女の背後に男が立って、いったい何を語り合っているのだろうか。ご覧のとおり、ふたりは一糸まとわぬ姿である。正面からは、男が女の左肩に股間を押しつけているように見える。脇に回ると、必ずしもそうではない［上］。いや、股間を押しつけたのかもしれないが、そこにはあるべきものがない。

こうした場合、あるべきものはふだんよりも硬く大きくなってあるはずではないか。ならばいったんは大きくなって、それから再び小さくなったあとの情景なのか。ならば何ごとかの「語らい」があったところでおかしくはないが、それならこんな姿勢はとらないだろう。せめてふたりは横たわるだろう。

というようなことを、ああだ、こうだと考えていた時、もうひとりのわたしが「そんな馬鹿なことは考えないで、さっさと芸術空間の中に戻って、彫刻家・古賀忠雄の作品のすばらしさを鑑賞せよ」とささやく。「そうしないと、美術の業界から相手にされないぞ。黒田清輝のいう色々馬鹿な評を下す心得なき人になっちゃうぞ」［同じく開股間一番参照］。

するとさっきのわたしが再びつぶやく。「美術業界って何だ。そいつはいつ出来たのか。その世界のルールに絶対に従わなくてはいけないのか」と。

裸体の彫刻は、ヌードという衣装を身につけているのであって、決して裸ではないという説明はもっともらしく聞こえる。そもそもは単なる金属の塊なのだから、それを前にして、裸だ、裸だ、いやらしい、などと騒いだところでまるで無意味だということもわからないではない。しかし、《語らい》のような彫刻の前に立てば、「やっぱりふたりは裸だ」と叫びそうになる。そして、そんなことをわたしに叫ばせまいと働く力が、わたしの中のどこから来るのかが気になるのだ。

またしても、こうだ、ああだと考えていた時、女がカッと目を開いて、「コラッ、後ろから何押しつけてんだよ!」と怒鳴ったような気がした。

裸の王様

アンデルセンの『裸の王様』を思い出した。久しぶりに『裸の王様』を手に取って驚いた。王様は裸ではなかったからだ。それから古書店を回って『裸の王様』を買い集めた。手にする絵本手にする絵本、王様はパンツをはいている。いや、シャツも着ている。それはこんな姿だ。

矢崎源九郎訳、ハンス・タイアナ絵『アンデルセン童話名作集』筑摩書房、一九五五年
膝まである丈の長いシャツ、上下分かれているのか不明、ただし腰のあたりまで深いスリットが入っている。
大畑末吉訳『完訳アンデルセン童話集(一)』岩波文庫、一九八四年
ゆったりとしたパンツ、シャツも着ている。

木村由利子訳、イブ・タルレ絵『はだかの王さま』偕成社、一九八七年
　膝下まで隠す白いパンツ、裾に赤いリボンとレースの飾り。
木村由利子訳、村上豊絵『はだかの王さま』miki HOUSE、一九八七年
　全裸、尻に毛らしきものあり。
平田昭吾文、大野豊絵『はだかの王さま』ポプラ社、一九九八年
　ぴったりした紫色のパンツに黄色い紐を通し、へその下で蝶々結び。
いもとようこ文・絵『はだかのおうさま』岩崎書店、二〇〇一年
　赤塚不二夫のキャラが穿きそうな赤いデカパン、白いハートのマークがちりばめられている。
末吉暁子文、田中槇子絵『アンデルセンどうわ 一年生』偕成社、二〇〇一年
　ゆったりした白いパンツ、裾に黄色い波形模様。

こうしたイメージの源泉は、アンデルセンの初版本（一八三七年）に寄せたヴィルヘルム・ペデルセンVilhelm Pedersen（一八二〇―一八五九）の挿絵（一八四九年）［次頁］にある。それによれば、王様は胸元が開《あ》いた丈の長いシャツを着て歩いている。先に挙げた筑摩書房の『アンデルセン童話名作集』と岩波文庫の『アンデルセン童話集（一）』がこの挿絵を踏襲していることがわかる。

その姿を見たひとりの子どもが「だけど、なんにも着てやしないじゃないの！」（大畑末吉訳）と、上着を着ていないことを指摘したのであって、王様は素っ裸でもパンツ一丁でもなかった。

それどころか、アンデルセンの原題は『皇帝の新しい着物』（デンマーク語でKejserens ny klæder、英語でThe Emperor's New Clothes）であり、『裸の王様』ではない。筑摩書房本も岩波文庫も、正しくそう訳している。ところが、「裸の王様」という比喩が、人間社会を風刺してあまりにも秀逸で

ヴィルヘルム・ペデルセンが描く
『皇帝の新しい着物』。1849年

あるがゆえに、日本ではこの題名がすっかり定着した。童話を離れて、言葉だけが人口に膾炙した。一九五八年に開高健が「皇帝の新しい着物」を踏まえながらも「裸の王様」（『文學界』一九五七年十二月号）と題した小説で芥川賞を受賞したことも、この言葉の普及に一役買ったに違いない。

ちなみに、開高は主人公の少年太郎に、「王冠とカイゼルひげのかわりにチョンマゲと越中フンドシ」を、すなわち「裸の殿様」を描かせた。舞台は日本からデンマークに贈る児童画コンクールの審査会場、王冠をかぶった裸の皇帝を描いた絵とフンドシ姿の殿様を描いた絵の優劣論議が交わされる。

いわく「どちらがアンデルセンを地について理解したか、どちらが正直か火をみるよりはっきりしているよ」、いわく「フンドシが落選したのは君たちが輸出向きの画しか選ばないからだ」、いわく「アイデアはおもしろいけれど、これは理解の次元が低すぎるんですよ。アンデルセンほど国際的な作家をこんな地方主義《ローカリズム》で理解させるなんて」、いわく「馬鹿にしてる」、「どうかしてるんじゃねえのか」。この議論は、これから先何度も思い出してもらいたいものだ。

一八三七年にアンデルセンが『皇帝の新しい着物』を出版した時、挿絵はなかった。その十二年後にペデルセンの挿絵本が出回って人気を博した。日本に紹介されるのは明治二十一年

（一八八八）、孩提の翁（巌本善治）「不思議の新衣裳《あたらしきいせう》」（『女学雑誌』第百号、百一号）と在一居士（河野政喜）『諷世奇談 王様の新衣裳』（春祥堂）というから、初版刊行からちょうど半世紀後のことである。残念ながら、これらに挿絵はない。挿絵はないが、翻訳がすこぶる面白い。前者「不思議の新衣裳《あたらしきいせう》」から白眉の場面を紹介しよう。

天皇《テンノウ》白きモヽヒキ白きシヤツにてかひ〴〵しく手綱を取り、高き帽子を戴きて、厳然《いかめしく》身を反らせ、ハイヨ〳〵と御意あつて馬を進ませ玉ふ。然《さ》れど、何人《なんひと》も其身を奇《あや》しみて絶《たえ》て天皇の御衣裳を奇しむ者なく、皆《み》な静まり反《かえ》りて恐れ入る。只《た》だ傍はらに七、八歳の童子も同じく拝覧してありしが、最《い》と頑是なく笑ひ出し、見よ〳〵天子さまは下着のまゝでお出《い》でなりと叫びたるに、今まで堪《こら》へ居たる見物ども一同にドツト声をあげて叫びたるが、こは尚ほ新衣裳《あたらしきいせう》の立派なることをほめたるにて候ひしとなり。

「裸の王様」・「裸の皇帝」ならぬ「裸の天皇」・「裸の天子さま」。すなわち『女学雑誌』の読者がその姿をまざまざと思い浮かべることができるようにと、巌本善治は身近な（？）天皇を引き合いに出したのだった。開高健のいう「アンデルセンを地について理解した」ということになる。

明治二十一年は大日本帝国憲法が発布される前年である。発布に合わせて宮武外骨《みやたけがいこつ》が自ら発行する『頓智協会雑誌』第二十八号（明治二十二年二月二十八日）に掲載した「裸の天皇」ならぬ「骸骨の天皇」、にしか見えない絵を思い出させる。大日本頓智研法を下賜する外骨＝骸骨という趣向だ。

これが不敬罪とされ、外骨ばかりでなく、絵を描いた画家安達吟光と雑誌印刷人の徳山鳳洲も逮捕、投獄された。憲法が「大日本帝国ハ万世一系ノ天皇之ヲ統治ス」（第一条）、「天皇ハ神聖ニシテ侵スヘカラス」（第三条）と規定したことで、「天皇《テンノウ》白きモヽヒキ白きシヤツ」と描写することも、「見よ〳〵天子さまは下着のまゝでお出《い》でなり」と叫ぶことも許されなくなった。その寸前に、せっかくアンデルセンの『皇帝の新しい着物』が日本に伝わってきたというのに。

それにしても興味深いことだ。ヌードという「新しい着物」が日本に伝わってくるのも、まさしくこの時代なのである。

ヌードという新しい着物

ちょうどそのころ、明治二十年（一八八七）四月二十四日、龍池会の総会で、細川潤次郎という人物が「裸体ノ彫像画像ヲ論ス」と題した講演を行った（『龍池会報告』第二十四号）。龍池会は日本美術振興のために結成した団体で、司法大輔《たいふ》の座にあり、いわば裸体表現を取り締まる側に立つ細川はその年の一月に副会頭に選ばれたばかりだった。

細川の主張は単純だった。裸体を不体裁と見なすことは万国共通である。それにもかかわらず欧米諸国が裸体像をつくるのにはふたつの理由がある。ひとつは「事実上ノ慣習」、あとひとつは「技術上ノ慣習」である。前者は裸体を好んだ古代ギリシャに自らの文明の起源を求めた歴史であり、後者は裸体表現を基本とし、それを組み込んだ美術教育を指す。

しかし、日本には初めからそのような慣習がない。どうしても裸体像の模写が必要ならば、教育にそうした課程を設けてもよいが、「其製作物ニ至テハ裸体ヲ掩フニ相当ノ被服ヲ以テセハ美術ヲ学フニ法ヲ失セス」、ゆえに不体裁にはならないと述べた。美術教育までは否定しないが、裸体像が公衆の目にふれることを良しとはしなかったのである。

　このころ、西洋起源の裸体像が次第に公衆の目にふれるようになる。それらは日本人の画家によって翻案され、一枚刷りの版画や雑誌の挿絵となって出回った。雑誌『美術園』創刊号（明治二十二年二月五日）は、口絵に全裸の《アフロシーテ》（ギリシャ神話の女神アプロディーテー）［81頁］を掲載した。由緒正しき西洋の裸体像である。同誌は第三号（三月二十日）と第四号（四月五日）にわたって「裸体画の美術たる所以を論ず」を掲載した。誰が書いたかはわからない。やはり古代ギリシャ、ローマのヴィーナスを論じて、こんなことを言っている。

> 　若し婦人裸体画にして其貞淑の性能を写し出せる者を見て、以て猶《なお》猥褻の情感を起す者あらば、其罪裸体画にあらずして、之れを見る人にあり、此の如き人は数重の衣裳を被りて厳然として坐したる美人の画を見るも猶且《かつ》猥褻の情感を起すなるべし

　つまり、西洋の女神像を見て猥褻だなんて思う奴がいたら、もちろん悪いのは女神ではなくそいつだ。そんな奴は着衣の婦人像を見たって猥褻の念を抱くに決まっている。

　この意見は百三十年の時間を飛び越えて佐賀の「古賀忠雄　彫刻の森」にいるわたしを直撃するだろう。もっとも、わたしは《語らい》のふたりに猥褻な感じは抱かなかった。「コラッ、後ろから何押しつけてんだよ！」という台詞をつい想像し、こいつらふざけているのかと思っただけだ。同時に、彫刻作品の前でそんなことを考えるのは不謹慎だという思いもあった。それがどこから生まれてくるのかを知りたかった。つまりは、百三十年前のこういう人たちがせっせと日本人を教育してきたのだ。なんだか有無を言わせない感じで。

誰が裸の王様を裸にしたのか

アンデルセンの『皇帝の新しい着物』の皇帝を裸にしたのは誰かという問題がまだ残っている。明治二十一年の二冊につづく翻訳は、明治二十九年（一八九六）五月の『少国民』第八年十二号に載った紫楼による「新衣皇帝」である。馬上にパンツ一丁の皇帝をはじめて描き出した［下］。画家は不詳。

明治四十四年（一九一一）になって、ほぼ同時に、挿絵をつけた翻訳が二冊出た。近藤敏三郎訳『新訳解説アンダアゼンお伽噺』（精華堂書店）と上田万年説話『安得仙《アンドルセン》家庭物語』（玄黄社・鍾美堂書店）である。前者は「皇帝のお召物」と題し、SKとサインした画家が口絵に鏡の前に立つ皇帝を白い下着姿で描いた［左頁右］。後者は「霞の衣」と題し、本文中に橋口五葉の筆になる裸の皇帝像［同左］を挿した。皇帝は馬上にあり、なんと全裸で、股間は鞍にうまく隠れている。裸の王様を裸にした張本人は橋口五葉だった。

橋口五葉は鹿児島出身、明治十四年（一八八一）生まれ、十九歳で兄を頼って上京、白馬会に学んだ。明治三十四年（一九〇一）九月に東京美術学校西洋画科本科に入学、同学年に和田三造、ひとつ上の学年に青木繁、熊谷守一、橋本邦助がいた。入学直後の第六回白馬会展に早くも油絵《水門》を橋口清の名で出品したから、黒田

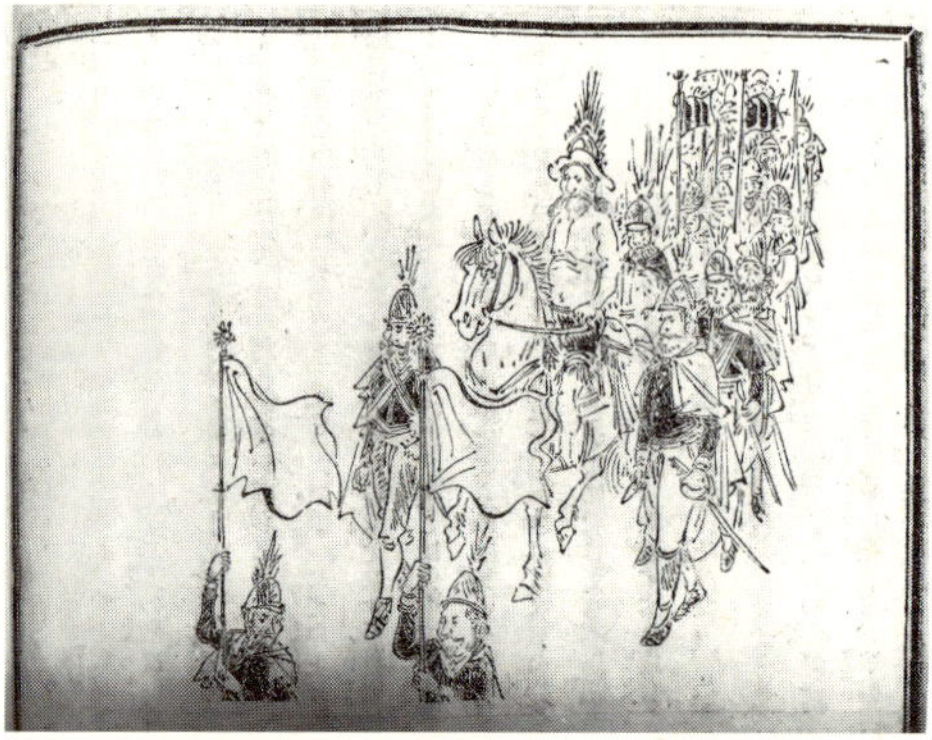

紫楼による「新衣皇帝」の挿絵
『少国民』第8年12号　1896年
東京大学大学院法学政治学研究科
附属近代日本法政史料センター
明治新聞雑誌文庫蔵

清輝の裸体画が問題になったいわゆる「腰巻事件」を二十一歳で目の当たりにした。

在学中に兄を介して夏目漱石との交遊が始まる。明治三十八年は漱石の連載小説「吾輩は猫である」続編に挿絵を寄せて始まり(『ホトトギス』第八巻第五号、二月一日発行)、十月にはその単行本(大倉書店・服部書店)の装幀を手掛けた。

王様を素っ裸にした明治四十四年(一九一一)は、五葉にとって転機の年だった。三越呉服店の懸賞広告画に第一等当選、油絵の原画《西洋画図案此美人》が石版画のポスターとなった。九州に遊び、別府で温泉場の浴女というテーマに出会った。やがて浮世絵に傾倒、その研究成果を『美術新報』や『浮世絵』誌上に盛んに発表するようになる。そして、大正四年(一九一五)に渡邊庄三郎の勧めで木版画《浴場の女(浴後裸体女)》[次頁左]を制作した。これが渡邊と藤懸静也による新版画運動の出発点とされる。

五葉の《浴場の女(浴後裸体女)》は、明治二十二年十一月に内務省によって発売頒布禁止とされた一連の石版画(十四点の大半が湯上がり図)[次頁右]から四半世紀しか隔たっていない。両者はつながっているのか、それとも切れているのか。黒田に就いて油絵の裸体画を学び、そこから浮世絵に向かって大きく舵を切った五葉は、ひとりで断絶と継承の両方を体現したところがある。

近藤敏三郎訳『新訳解説アンダアゼンお伽噺』の挿絵「皇帝のお召物」
1911年　国立国会図書館蔵

橋口五葉による挿絵「霞の衣」
上田万年説話『安得仙家庭物語』
1911年　国立国会図書館蔵

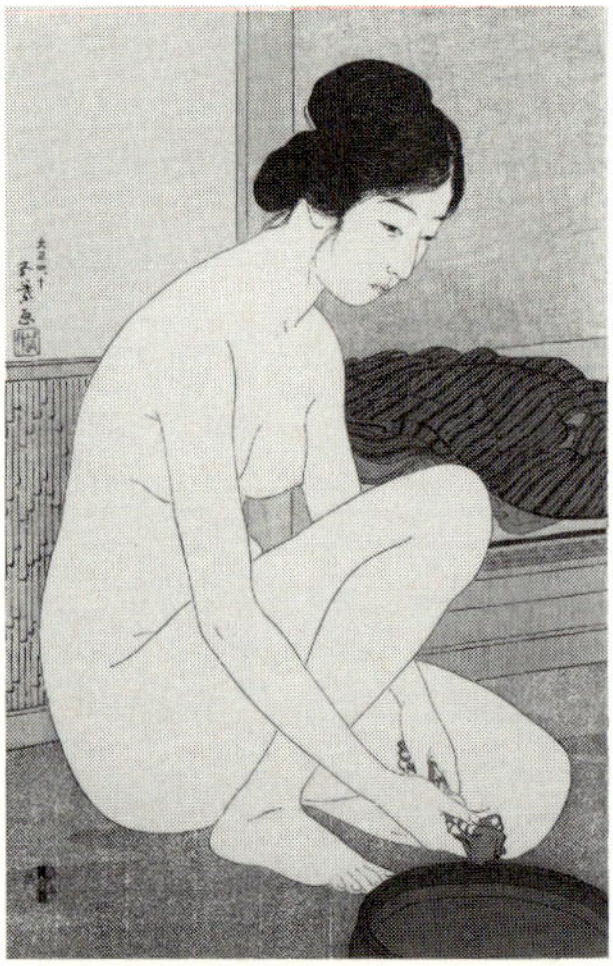

橋口五葉《浴場の女》 1915年
渡邊木版美術画舗蔵
「生誕130年　橋口五葉展」図録
（千葉市美術館他　2011年）より

林信広《浴後納涼》 1889年　黒船館蔵
「描かれた明治ニッポン―石版画
（リトグラフ）の時代」展図録
（町田市立国際版画美術館他　2002〜03年）より

五葉は《浴場の女（浴後裸体女）》の発禁を怖れて、「試作」であるとする予防線を張り続けたという。しかし、五葉には江戸時代の春画の模写や春画と呼びうる鉛筆画がたくさんあり、その一部は鹿児島市立美術館に収蔵されている。

明治四十年四月、五葉にたくさんの装幀を頼んだ漱石が東京美術学校での講演で裸体画に次のような疑問を呈した。「裸体美と云ふものは尊いものかは知れぬが、狭いものには相違ないでせう」。「無理に収りをつけて、頓珍漢な一種の約束を作りました。其約束はかうであります。『肉体の感覚美に打たれてゐるうちは、裸体の社会的不体裁を忘るべし』と云ふのであります。」（「文芸の哲学的基礎」『漱石全集』十六巻、一九九五年）。

「頓珍漢な一種の約束」、漱石のこのひと言も、百十年の時間を飛び越えて、佐賀の「古賀忠雄　彫刻の森」にいるわたしに届いたことはいうまでもない。

清輝の、性器の、世紀の大問題

法律から美術へ

黒田清輝の名前は「きよてる」と読む。しかし、絵描きになってからは、画面に「Seiki」とサインし、「せいき」で通した。単なるゴロ合わせではあるが、その「せいき」が「せいき」をどう描いたかを振り返ってみよう。

明治二十八年（一八九五）、京都で開かれた第四回内国勧業博覧会に、黒田はパリから持ち帰った油絵《朝妝《ちょうしょう》》（焼失し現存せず）を出品した。それは裸体画であったがゆえに公然と陳列することの是非が問われ、物議を醸した。しかし、新聞や雑誌が騒いだだけで、展示はそのまま続いた。ところが、同三十四年（一九〇一）に東京で開かれた第六回白馬会展では《裸体婦人像》に警察が介入し、猥褻である、風俗を壊乱するという理由で女性像の下半身にあたる画面下半分が布で隠された。日本美術史上名高い「腰巻事件」である。

このわずか六年の間にいったい何が起こったのだろう。時代はまさしく十九世紀から二十世紀への転換期であり、この意味でも「せいきの大問題」なのである。

とはいえ、黒田の語彙に「性器」があったかどうか。おそらくなかっただろう。大正十三年には五十八歳という若さで世を去る黒田の生きた時代には、「性器」という日本語はほとんど使われていないからだ。代わりにその部位を指して使われていたのは「造化機」、ついで「生殖器」だったが、これらも美術の世界ではほとんど口にされない。白馬会展に介入した警察が隠すようにと指示したものは「局部」だったし（「都新聞」明治三十四年十月二十日）、その翌年のインタビューでは、黒田自身、隠されたそれを「陰部」と呼んだ（『新小説』明治三十五年一月）。

明治十七年（一八八四）、十八歳になる年に黒田がフランスに留学した目的は法律を学ぶためだった。渡仏二年目での画家への転向は、黒田自身にとっても日本美術にとっても大きな出来事だが、その後もしばらくは法律学校に在籍している。外国人留学生だけが週一回集まり、それぞれ母国の刑法の沿革を論じるという授業があった。そのため黒田は日本の刑法を論じるはめになり、友人や公使館から法律書を借り、さらに父にまで然るべき書物を送ってほしいと求めている（『黒田清輝日記』中央公論美術出版、一九六六年、第一巻所収、以下の書簡も同じ）。

維新後、明治政府は日本の法制度を調えるにあたって全面的にフランス法に依存した。そのために雇われた法学者がボワソナアドである。ボワソナアドは司法省法学校で教鞭をとる傍ら、フランス法をモデルに民法や刑法など主要な法律を制定する中心人物となった。のちに警察を動かして黒田とその仲間の表現活動を取り締まることになる法律もそのようにして生み出されたのだから（刑法は明治十三年に制定され、第二五八条で「公然猥褻ノ所行」を、第二五九条で「猥褻ノ物品ヲ公然陳列シ又ハ販売シタル者」を禁じた）、黒田がフランスで法律と美術をともに学んだことは、その後の猥褻か芸術かをめぐる問題の中心人物となることを暗示している。ちなみに、離日前の黒田にフランス語を教えた井田鐘次郎は、司法省法学校の第一期卒業生である。

当地名物女のはだかの画

黒田清輝を美術の世界に誘い込んだのは画家山本芳翠と藤雅三だった。黒田の画家への道は、藤が画家ラファエル・コランに入門する際に、黒田が通訳として同行したことに始まる。もともと絵が好きだったし（渡仏に際して母が黒田に「ちいさなゑのぐいれ」を持たせたことが明治十七年九月二十六日付の母宛ての書簡からわかる）、芳翠や藤ばかりでなく、パリで美術商を営んでいた林忠正からも勧められ、とうとう一八八六年五月には、黒田もまたコランの門を叩いた。

芸術の都パリには世界中から画学生が集まってきた。山本芳翠や五姓田《ごせだ》義松は日本から参入した第一世代である。芳翠はジャン＝レオン・ジェローム、義松はレオン・ボナといういずれも古典主義的作風の画家に就いて学んだ。ジェロームが六十歳代、ボナが五十歳代のすでに一家を成した画家であったのに対し、一八五〇年生まれのコランは、黒田入門時でもまだ三十六歳、つぎの世代に属する新進気鋭の画家であった。ちなみにコランと芳翠は同い年である。

入門間もなく、黒田はコランから日本の布の入手を頼まれる。それを送ってほしいと父に伝える書簡で、布の用途をこんなふうに説明した（一八八六年六月十一日付書簡）。

当地の人物画家は裸か或は腰部を少しく隠したる画をかくを好み、毎年の共進会にも裸体の女などは非常に多く有之候。扨《さ》て、教師が日本の布を望むは、之れを女の体に巻き付けたりなどして、其の像を写さんが為めに御座候。尤《もっと》も錦と限りたるには非ず、只《ただ》金糸或は各種の糸を以て花鳥或花斑などを縫ひ出したるものと申事なり。

さらに花にも関心があり、日本の花草木の絵が入った書物も欲しがるコランはとてもよい教師だから、進物などをして応対すれば少しも損にはならない。人情は何処も変らずといえども、「当地にては進物の効能格別」と、ずいぶんと大人びたことまで付け加えている。この時、黒田はようやく二十歳になろうとしていた。

当地パリでは裸体を好んで描くこと、しばしば腰部を布で隠すことに、このようにして黒田は馴染んだ。したがって、十五年後の「腰巻事件」を機に、絵の中の裸体像に布を巻き、予防線を張るようになったわけではない。

しかし、腰部を布で隠さない場合の方が多かった。そうであるなら、布で隠されるべき腰部はどのように表現されていただろうか。

ちょうどこの年のサロンに出品し国家買い上げとなった《フロレアル（花月）》（一八八六年、オルセー美術館蔵、アラス美術館寄託）［下］はコランの代表作で、一糸まとわぬ女が野原に仰向けに横たわり、こちらを見ている。手前の膝を高く立てているので、腰部は、というよりも股間は見えない。それ以前にも、コランは《横たわる裸婦》（一八七〇、東京国立博物館蔵）、《眠り》（一八七三、ルーアン美術館蔵）、《ダフニスとクロエ》（一八七七、アランソン美術館蔵）、《田園恋愛詩》（一八八二、富士カントリー株式会社蔵）などで全裸の女を真正面か

ラファエル・コラン《フロレアル（花月）》 1886年
オルセー美術館蔵（アラス美術館寄託）
「生誕150年　黒田清輝―日本近代絵画の巨匠」展図録（東京国立博物館　2016年）より

ら描いているが、いずれもたった一本も毛の生えていない不自然な股間が表現されているばかりだ。こうした表現にも黒田は馴染んだ。いや、馴染まざるをえなかった。それが、黒田が足を踏み入れた美術の世界だからだ。

当時のフランス社会には写真が急速に普及していた。裸体を撮ったポルノグラフィーは写真が発明されるやすぐに登場した。ヌード写真との違いを際立たせるためにも、裸体画は現実の身体を加工し、その肌を陶器のように磨き上げ、股間には性器もなければ性器を暗示する陰毛さえ表現されなかった。ポルノ写真はその対極を目指し、股間を広げ、さらに性器までも広げて見せた。

フロレアルは共和暦の六月、現在の四月半ばから五月半ばにあたる。女はこの季節の擬人化であって、「ゆえに本作はいかに裸婦の描写が写実的であっても、風俗画ではなくあくまでも寓意画である」（一九九九年〜二〇〇〇年に静岡県立美術館ほか五ケ所を巡回したラファエル・コラン展図録の三浦篤氏による解説）。わたしなりに言い換えれば、どれほど人間に見えようともそれは人間ではない。どれほど現実の女に見えようとも季節なのだから、その身体をどれほど改変しても問題はない。

黒田もそのことをもちろん理解した。四年後のことではあるが、あるいは四年を要したというべきか、やはり父に宛てた書簡にこう書いた（一八九〇年四月十七日付書簡）。

当地にては、人の体を以《もっ》て、何にか一の考を示す事有之候。先《ま》づ私の教師の画を見ても、春と云様なる題にて、草花の咲き出て居る中に、丸はだかの美人がねて居りながら、何に心なく草葉を取りて口にくわへたる様をかき、

（中略）

画学中最もむづかしき者は人物にて、人物も衣を被《き》たるよりは、はだかの方一層むづかし

く候。

学校などにても、常に裸体を用ひ申候。画かきが画をかくは、学者が文章を作ると同じく、自分の考を人に見せる事なれば、己れの精神が高尚に非ざる以上は、兎《と》ても立派な画の出来る道理無御座候。

一寸《ちよつと》考へ候時は、裸体の人物と云ては甚だ不体裁な者の如く有之候得共、之れは全く俗人の考にて、其考こそ却而《かへつて》不体裁なる者に御座候

このあとに、それがわからない輩は「心得なき人」だとする本章冒頭に掲げた一節がつづく。しかし、こんな手紙を書きながらも、黒田が制作していた絵は裸体画ではなく、着衣の《マンドリンを持てる女》(東京国立博物館蔵)だった。裸体画を着衣画のさらに上位に位置づけて、未熟な自分が手を染めるにはまだ早いと考えていたのかもしれない。

黒田が段階を踏みながら、西洋絵画を身につけて行く様子が、父母に宛てた書簡からも読み取れる。そして、とうとう裸体画に取り組む決意を、父にこんなふうに示した(一八九二年四月二十九日付父宛書簡)。


今度都にては、卒業試験の様な心持にて、日本への御土産の為、当地名物の女のはだかの画一枚心に任《まかせ》て描き申度存候。小さな考をして居る日本の小理屈先生方へ見せて一と笑ひ仕《つかまつりたく》度候《さうらふ》

まさしくパリ留学の総決算、卒業制作となる裸体画に着手したのは一八九二年五月初旬のこと

だが、すぐに投げ出してしまった。ヌードモデル（黒田の表現では「てほんになつてくれるをんななんか」）を雇ってはみたが高価で、とても金がつづきそうにないからだ（五月十日付母宛書簡）。そこで、夏をテーマにした絵に変更、川辺の丘の上に寝転んだり釣りをして遊ぶ女子供五、六人を配する構想を立てた。すると、コランからぜひ裸の者も入れなさいという助言があり、二、三人は裸体で描くことにした（六月三日付父宛書簡）。それから夏の間、夏の絵に取り組みつづけるがなかなかうまくいかない。やはり裸は金がかかるという理由で投げ出すものの（七月二十六日付父宛書簡）、友人に励まされ再び取り組む（九月三十日付父宛書簡）。

結局、夏の絵も完成ならず、人がふたり庭にいる絵を制作しサロンに備えた。一八九三年が明けると再び裸体画に挑戦した。野村公使がモデル代と画材代を負担してくれることになったからだ。制作は順調に進み、コランはその出来映えをほめ、画風が新しいゆえに、旧サロンではなく、国民美術協会 Société Nationale des Beaux-Arts のサロンに出品した方がよいと勧めた。そして、協会の会頭だったシャバンヌにも見せることができた。黒田は自信満々だった（三月十八日付父宛・二十六日母宛書簡）。そして、「女子裸体にて化粧の図」は見事入選を果たした（四月三日付父宛書簡）。これが《朝妝》［次頁］である。

しかし、黒田が目指した「人の体を以て、何にか一の考を示す事」は実現していない。おそらく、それは「夏の絵」が完成に到らなかったことの裏返しだろう。どこともいつの時代ともわからない野外ではなく、現代の室内に女を立たせることになり、通俗的な裸体像へと傾かざるを得なかった。

油画原則

《朝妝》を論じた記事にこんなものがあった。

> 元来日本画中、此種のものは禁制品中に数へられたる猥褻画なりしに、今公然館中に掲げられたるは油画原則に拠り、両股相接する体勢を顕はし、陰毛を描かず、普通一般の油画として差支へなきもの、由、或る筋の人は語れり、今此説をして真ならしめば、今日以後、美術の範囲より一歩を誤まり、其極、風俗を壊乱するに至るべき絵画の雑出するを見んも知るべからずと某観者は言へり、兎に角、此事は美術界の一問題となるべきか
>
> 「内国博覧会雑記」（「東京朝日新聞」明治二十八年四月七日）

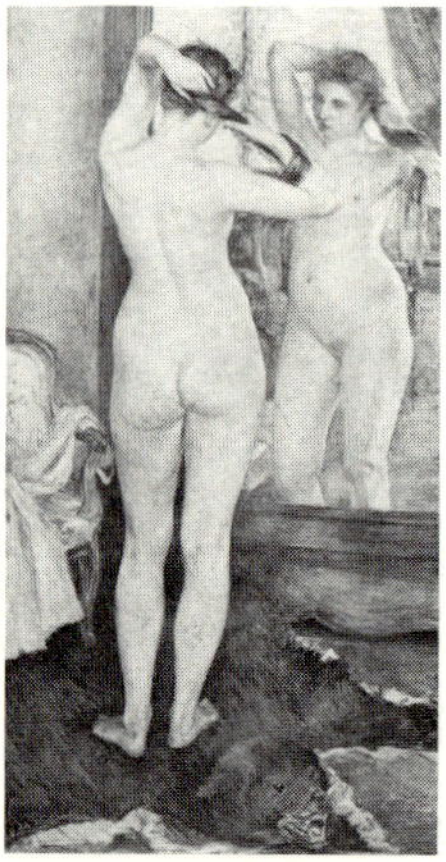

黒田清輝《朝妝》 1893年 焼失
前掲「黒田清輝」展図録より

すなわち両股をぴたりと閉じ、陰毛を描きさえしなければ、裸体であっても普通の油絵と何ら変わらないとする説＝油画原則がある。いやこれを受け入れてしまえば、風俗壊乱をもたらす絵が氾濫し、日本はたいへんなことになるという反論もある。美術界の大問題である。

こうした批判に対して、黒田はまるで蛙の面《つら》に小便だった。屁とも思わない。はじめから「小さな考をして居る日本の小理屈先生方へ見せて一と笑ひ仕度候」と思っていたのだから当然である。

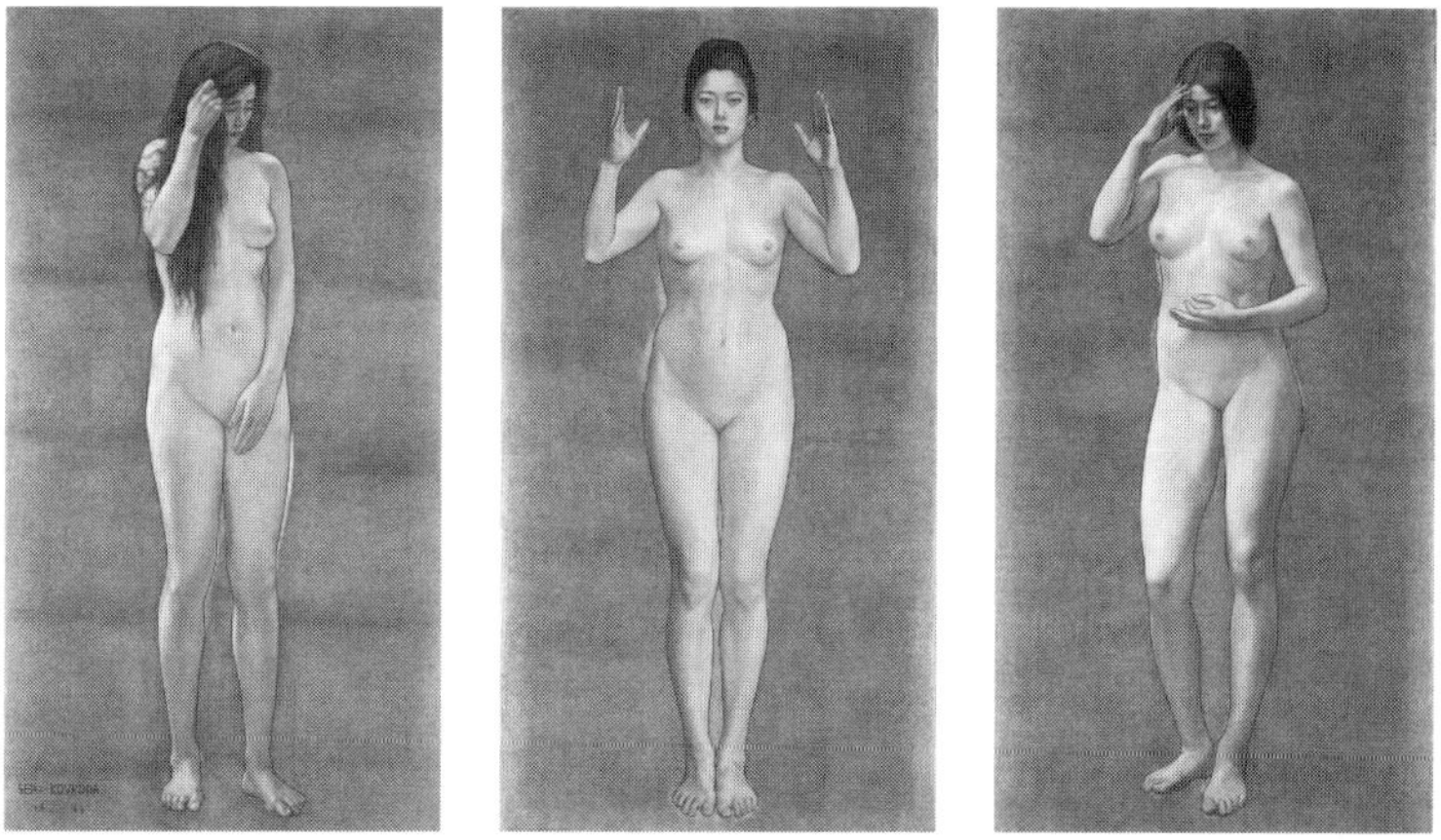

黒田清輝《智・感・情》 1899年 東京国立博物館蔵 画像提供＝東京文化財研究所

そこでいっそう「油画原則」を貫き、「両股相接する体勢を顕はし、陰毛を描かず」に《智・感・情》（東京国立博物館蔵）［上］を完成させ、明治三十年（一八九七）の第二回白馬会展に出品した。《智・感・情》は東京で日本人のモデルを用いながらも、とうてい日本人の裸体には見えない観念的で理想化された裸体画に仕上がっている。《朝妝》が朝の身繕いという特定の状況を描いたのに対し、《智・感・情》には特定の状況を思わせるものが何ひとつない。裸体だけが無地の空間に屹立している。猥褻とは一切無縁の裸体画、黒田の語彙ではフランス語の《nu》（父親に伝えた「当地名物の女のはだかの画」）と呼ぶほかないものを日本の観衆に突きつけたのである。

黒田清輝《裸体婦人像》 1901年
静嘉堂文庫美術館蔵
前掲「黒田清輝」展図録より（次頁の部分図も同）

したがって、その股間はこの世のものとは思えない。性器のせの字も感じられない。しかし、社会は受け入れず、《智・感・情》を掲載した『美術評論』第二号（明治三十年十一月）は翌年五月に発売禁止の処分を受けた（内務省告示第三十八号、明治三十一年五月七日）。

東京美術学校教授となった黒田は、明治三十三年（一九〇〇）に文部省からフランス留学を命じられ、パリ万国博覧会に出品するために《智・感・情》を携えて渡仏した。その滞在中に現地のモデルを雇い《裸体婦人像》（静嘉堂文庫美術館蔵）［前頁下］を描いた。《智・感・情》に比べると、背景の布と毛皮の敷物を描くことで、そこに座る裸体像を再び現実の場所へと引き寄せた。

『黒田清輝日記』には、翌年一月二日からイタリア旅行に発つ直前二月十日までの間、複数のモデルを相手に連日裸体画（一月二十二日条）と取り組んでいる様子が記録されている。つまりひとりのモデルの姿をそのまま描いたのではなかった。黒田自身が「三人の善い所を選抜いて、組合せて」制作したことを明かしている（「白馬会に於ける黒田氏の裸体画の評（二）」『時事新報』

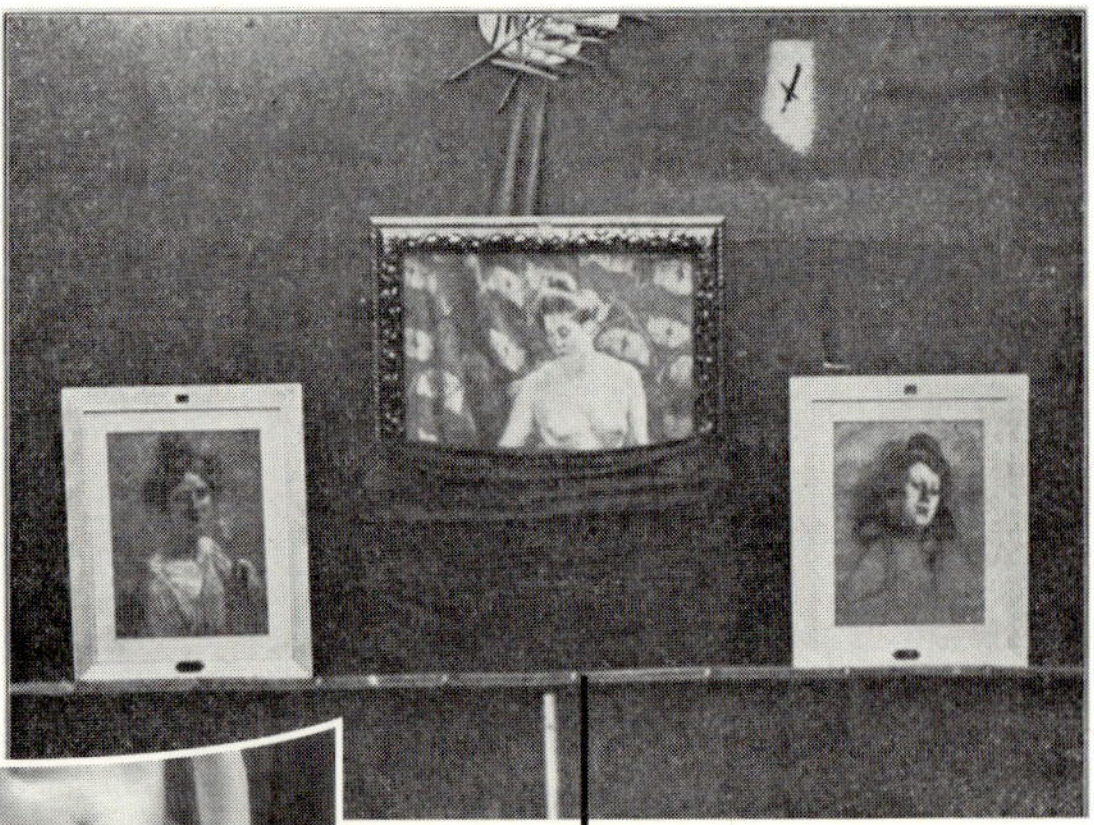

第6回白馬会展で
腰から下を覆われた
黒田清輝《裸体婦人像》。
『明星』第17号
（1901年11月15日刊）より
日本近代文学館蔵

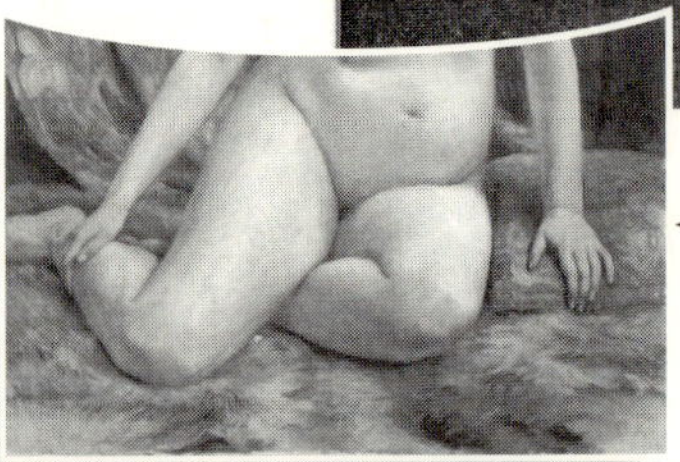

《裸体婦人像》の「肝腎な所」。
静嘉堂文庫美術館蔵

明治三十四年十一月十三日）。

このように、同じ裸体画とはいえ《朝妝》と《智・感・情》と《裸体婦人像》は制作過程と方針が三者三様である。とりわけ《裸体婦人像》には、裸体画が現実の裸体をそのまま表現したものではないことを伝えようとする意図が強く感じられる。それは三人のモデルを合成することによって絵の中にだけ出現した身体であり、それこそが西洋における美術なのだ。日本の公衆はまだわからないのか。帰国後の第六回白馬会展に出品した《裸体婦人像》は、おそらくそうした頑迷な日本人に突きつけた最後通牒だった。

しかし、「最も困難で最も巧拙の分る、所の腰部の関節に力を用ゐた積りであるが其肝腎な所へ幕を張られた訳だ」（酢棋「千萬言─黒田清輝氏の裸体画談」「報知新聞」同年十月二十五日）と語るとおり、黒田入魂の腰部を警察は咎め、そこに布が巻かれた［右頁］。

翌年の第八回白馬会展に出品した《春》と《秋》［左］では、絵の中の女が自分で布を手にし、ちょうど腰巻きのように身体に巻きつけ、ギリギリのラインまで布を持ち上げて股間を隠している。いや、ギリギリのラインまで布を下し、股間を見せている。隠そうとしたのか、見せようとしたのか、ともあれこうして日本美術の二十世紀は「腰巻事件」とともに始まった。《春》の腰巻きは花柄、《秋》の腰巻きは深紅の無地、留学間もない黒田がコランのために父にねだったあの日本の布である。

黒田清輝《秋》　1903年　個人蔵
前掲「黒田清輝」展図録より

腰巻事件前夜

日本の小理屈先生方

帰国する黒田清輝を待たずに、日本では裸体画論争が起こっていた。黒田は持ち帰った《朝妝》を「小さな考をして居る日本の小理屈先生方へ見せて一と笑ひ仕度候」と思ったぐらいだから、そんな日本の事情をすでに知っていたはずだ。

明治二十二年（一八八九）一月二日、雑誌『国民之友』第三十七号の付録に山田美妙の小説「蝴蝶」が載ると、それに寄せた渡辺省亭の挿絵［左頁］が問題になった。裸体画だったからだ。小説の舞台は源平合戦の壇ノ浦、裸身を曝したのは平家の若い上臈である。全裸ではない。海に溺れ、ようやく岸辺に上がったところを、思いを寄せる源氏の武士に見られた。思わず左手で胸を、右手は着物をつかんで股間を隠したという姿だ。

それはおかしいという声がすぐに上がった。刺笑生という人物が「読売新聞」（同年一月十一日）に掲載された投書「書中の裸胡蝶」で「美術の濫用」だと非難して口火を切った。論争好きの森鷗外も直ちに参戦し、鷗外漁史の名で「コンナ先生にハ鎌輪《かまわ》ずに裸で行けや」と真っ向から反論した（一月十二日）。とはいえ、ともに戯れ文だから論戦というほどではない。

以後同紙「寄書《よせぶみ》」欄への投書はつぎのとおり。生臭坊主「裸蝴蝶に付て美妙殿へ御注文」、三木竹二「精神の裸にハ困る」（一月十五日）、月のや三五「裸蝴蝶に付て」、巌々法史「ドクトル柳下恵へ」、冷笑居士「胡蝶の不用心」（一月十七日）、何だ楼主人「第二裸胡蝶」（一月十七日）と続く。

股間をめぐる議論も、「蝶児の臀の太きハ曲線の美術の美妙か」（刺笑生）、「『裸但しミユルテの葉にて例の処ハ隠れて見えず』とか何とか」（鷗外漁史、ミュルテはミルテ、マートル、銀梅花）、「木の葉や子ヂ股等の邪魔物がありてハ人に月前の雲の恨を起させますからいけません」（生臭坊主）、「何にも無理に例の局部まで引張出さなくてもいゝでせう」（月のや三五）、「何故にモソツト天真爛漫なる処を現はさんか（生臭和尚の仰せの如く）着物ハ真《ほん》の言ひわけなり」（冷笑居士）などとたわいもない。生臭坊主のいう「子《ね》ヂ股」とはねじった股か。それならコラン《フロレアル（花月）》［68頁］のポーズにほかならない。

ひとり巖々法史が、その名に違わず、「裸蝴蝶の画は充分Obscene pictureと云はれます。英国刑法では14&15 Vict. c.100, s.29で、無論罪です。」などと真面目なことを言っている。

美妙自身もすぐに次号の『国民之友』第三十八号（同年一月十二日）で反論「国民之友三拾七号附録の挿画に就て」を掲載した。「アンジエロやラファエルが裸体の像」を引き合いに出し（アンジエロはミケランジェロか）、さらにギリシャ美術にも言及し、「人界の有るべき完全の美は裸体を究めて始めて作出し得た」、「曲線の配合の工合、裸体ほど美の上乗のものは有りません」と主張して負けない。

これを受けて、ギリシャの「神女」はそうかもしれないが、源平合戦下の

渡辺省亭による山田美妙「蝴蝶」の挿絵
『国民之友』第37号（1889年1月号）
写真提供＝日本近代文学館

男女相対する図にまでそれを求めるのはお門違いというのが依田学海の意見だった（「国民之友二小説評」『国民之友』第三十九号、同年一月二十二日）。そして、挿絵は菊池容斎『前賢故実』から「塩谷高貞の夫人が浴より出て衣を引かけたるより転化」したのだろうと推測する。

『前賢故実』は神話上・歴史上の人物五百八十五人の肖像と伝記を収めた画文集で、明治期によく読まれた。弟子の渡辺省亭が容斎の写生会では裸体モデルを用いたと回想している（「渡辺省亭氏の談（菊地《ママ》容斎の画風）」『太陽』第四巻第十四号、明治三十一年七月五日）。なるほど、『前賢故実』巻之十掲載の《塩谷高貞妻》（塩谷は南北朝の武将、その妻顔世に高師直が懸想し、浴後の姿を覗き見る場面）は裸体画である。

容斎には肉筆の《塩谷高貞妻出浴之図》（福富太郎コレクション）［左頁右］もあり、画中の年記によれば、制作は天保十三年（一八四二）と早い。弟子の省亭にもこの絵を踏襲した同画題の肉筆画があるが（制作年不詳、同コレクション）［同左］、容斎作と省亭作の決定的な違いは、前者に師直の姿あり後者にはなく、ともに赤い襦袢によってギリギリのラインで隠された顔世の股間には、前者で陰毛らしき影あり、後者はつるりと何もない。

しかし、天保年間の春画を視野に入れるならば、陰毛は描かれて当然だし（陰毛一本一本の繊細な線は絵師と彫師の腕の見せ所だった）、何よりも容斎はモデルの現実の身体を目にしていた。陰毛を描いてはいけないというブレーキなど持ち合わせてはいない。

一方の省亭は弟子とはいえ容斎と六十四歳も年齢差があり、明治十一年（一八七八）のパリ万国博覧会を機に渡仏、少なくとも二年間滞在し、印象派の画家たちと交友があった。エドモン・ド・ゴンクールの『日記』にも登場する。陰毛を描かない西洋の裸体画にも通じていただろう。したがって、ふたりの「塩谷高貞妻」は似て非なるものともいえる。

渡辺省亭《塩谷高貞妻浴後図》
福富太郎コレクション

菊池容斎《塩谷高貞妻出浴之図》
1842年　福富太郎コレクション

山田美妙は「蝴蝶及び蝴蝶の図に就き学海先生と漣山人との評」（『国民之友』第四十号、同年二月二日）を書いて、学海の批判にもさらに反論した。そこで、問題となった挿絵は自分の発案であり、省亭は関係がなく、まして『前賢故実』から引いたものでもないとした。そして、ロンドンの博覧会に出品された彫刻、『美術雑誌《アーツジョーナル》』やドイツの美術雑誌の図版（いずれも裸体画）、アタランタの小説の挿絵などを参考に作り上げたのだと種を明かした。

こうした美妙の人となりを、内田魯庵はずばり「欧化熱の人工孵卵器で孵化された早産児」と評する（『思い出す人々』岩波文庫）。欧化主義の絶頂期に、「極端に西洋臭い言文一致の文体を創《はじ》めたのが忽《たちま》ち人気を沸騰して、一躍文壇の大立者《おおだてもの》となった」ものの、「裸蝴蝶時代が絶頂で、それから以後は次第に下り坂となった」。

魯庵にいわせれば、『国民之友』のような評論雑誌に小説が載ることも破天荒であれば、そこに絵を挿すことも異例中の異例だった。そして「挿画の策略が見事に中《あた》って作その物よりは美くしい女の裸体画が公衆の非常なる好奇心を喚起した」。ただし、「美妙自身もまた幼稚な裸体画論を主張」、「今なら当然発売禁止となるべきこういう下劣な裸体画」などと魯庵は手厳しい。ちなみに魯庵のいう「今」とは大正四年（一九一五）である。

余波は夏になってもまだ続き、『新著百種』第五号（明治二十二年九月刊）に載った幸田露伴の

幸田露伴「風流仏」の挿絵
『新著百種』第5号（1889年9月）
東京大学総合図書館蔵

「風流仏」にも裸体画の挿絵［右頁］が入った。画家は平福穂庵《ひらふくすいあん》（百穂《ひゃくすい》の父）、「風流仏」の名に反して、古代ギリシャのヴィーナスを思わせる全裸像だった。しかし、「裸体の彫像の如き其まづさ加減言語道断」（中西梅花）、あるいは「裸体美人の挿絵俗を驚かして売らんとする者に似て作者の為に惜むべし」（饗庭篁村、いずれも「新著百種第五号風流仏批評」「読売新聞附録」同年十月十七日）と、評判は芳しくなかった。「風流仏」は、半年早く『美術園』創刊号（同年二月五日）に掲載された口絵《アフロシーテ》［下］という裸体画に似ている。

山田美妙が明かしたとおり、版画や雑誌によってたくさんの複製画が流入していたことがわかる。それは、裸体画を掲載して読者を釣ろうとする風潮があったからだ。新聞はこれをつぎのように難じた。「裸体画の一度新聞紙雑誌の挿画に登りし以来、種々の裸体画は絵双紙屋の店頭の大立者となりて、大いに世人の批評する所となり」（「朝野新聞」同年十一月十七日）、「春画の禁既に堅きにも係はらず、法網を逃れて画きたる美人の画を一見せば、その実春画を見ると同じかるべき事実あるは掩ふ可からざる処」（「読売新聞」同年十二月二十五日）。これら裸体画は、春画に取って代わって出回ったようなところがある。

　黒田清輝はこんな日本にパリ名物「女のはだかの画」［72頁］を持ち帰ったのである。第四回内国勧業博覧会に展示されたその絵は『国民之友』誌上の小さな挿絵の比ではない。縦およそ一メ

『美術園』創刊号（1889年2月5日）の
口絵《アフロシーテ》
ゆまに書房の復刻版（1991年）より

ートル八〇センチ、横およそ一メートルもあり、ほぼ等身大の裸体像であった。しかも全裸である。女は鏡の前に立っているという設定だから、観客はそれを背後ばかりでなく前からも見ることができる。尻も股間も、というわけだ。おまけに色までついている。それも油絵の具でこってりと。それは会場を訪れた誰もがほとんど目にしたこともない異国人の豊満な身体だった。まだ眠る男を寝台に残してひとり起き出してきたとまでは想像力が働かないにせよ、寝起きのけだるい朝の身づくろいを始めようとする姿は、多くの観客にとって見慣れた湯上がり図をはるかに超えるものであったに違いない。

その後も裸体画をめぐる論議はつづいた。雑誌挿絵に対する規制は、明治三十年（一八九七）『新著月刊』（東華堂）が創刊されるに及んで一段と厳しくなった。同誌は第一巻第五号から毎号のように裸体画を掲載し、翌年五月に至って発禁処分を受けた。これにより第一巻第九号から第二巻第四号までの販売が差し止められた。第一巻九号（明治三十年十一月二十五日発行）には、黒田清輝の裸体画《朝妝》が掲載されていた。

同誌の裸体画には西洋美術の複写が多かった。全三十点に上る西洋美術図版の大半が男女の全裸または半裸を表現したものであり、その偏りに対して「少年を釣らんと」している（正岡子規、『日本』附録週報、明治三十年十二月十三日）、「青年読者の好奇心に媚」びる（石橋忍月、『新小説』時報、明治三十一年六月）といった批判が寄せられた。摘発を報じた「読売新聞」（明治三十一年五月十二日）は、「文学雑誌の仮面を被り裸体画の写真を公売しつつありし『新著月刊』」とまで書いた。このような出版物を取り締まるだけでよかった官憲にとって、裸体を描いた油絵の出現はまったく想定外の出来事だった。これが黒田清輝のもたらした新しい事態である。

筋骨隆々股間葉々

ふんどし**画家**

股間を葉っぱで隠した最初のひとは、文字どおり人類最初のひとであるアダムとイブだ。蛇の誘いにのって禁断の樹の実を食べてしまうと、「たちまち二人の眼が開かれて、自分たちが裸であることが分かり、無花果《いちじく》樹の葉を綴り合わせて、前垂を作った」という旧約聖書に忠実であるならば、ふたりの股間は集めたイチジクの葉（fig leavesと複数形）で隠さねばならない。そして、楽園を去る時には、「皮衣」を着ていなければならない（関根正雄訳『旧約聖書 創世記』岩波文庫）。

皮衣はふたりのためにわざわざ神が作ってくれた。葉っぱでは哀れだと思われたのか。何不自由のない楽園を追われるのだから、ふたりは絶望に打ちひしがれていた。前途多難だという説もあれば、逆にこれから子どもを産み、育て、その子孫を世界中に広げていくのだから、前途は葉々、いや洋々だったという説もある。

しかし、古代ギリシャやローマの絵や彫刻に表現された裸体像を知ったイタリア・ルネサンスの美術家たちは、そこに理想的な美を見出し、キリスト教美術から葉っぱを払い落とした。フィレンツェのサンタ・マリア・デル・カルミネ大聖堂のブランカッチ礼拝堂の壁に描かれたマゾリーノの《楽園のアダムとイブ》（一四二五年頃）とマザッチオの《楽園追放》（一四二四―二七年頃）、バチカンのシスティーナ礼拝堂の天井に描かれたミケランジェロの《原罪と楽園追放》（一五一〇年）では、ふたりは全裸のまま楽園をあとにする。

《原罪と楽園追放》から三十年後、同じシスティーナ礼拝堂の壁にミケランジェロが《最後の審判》（一五四一年）を描くと、完成前から轟々たる非難を浴びた。画中に描かれた数多くの裸体像を教皇の側近たちが問題にしたからだ。画家ヴァザーリの『芸術家列伝』が伝えるところによれば、儀典長ビアジオ・ダ・チェゼーナが「このように尊い所に恥部を丸出しにした裸をこれほどたくさん描くとは不謹慎きわまりないことだ、これは教皇の礼拝堂に描くものではなく、風呂場か旅籠屋にでも描くようなものだ」と教皇パウルス三世に語った。これを耳にしたミケランジェロが冥府の裁判官ミノスをビアジオの顔にして仕返しをしたという（ピエールルイジ・デ・ヴェッキほか『ミケランジェロ・システィーナ礼拝堂　最後の審判』日本テレビ放送網、一九九六）。

こんなふうにミケランジェロは批判をものともしなかったが、その死の直前、カトリック教会は宗教改革に対抗して開いたトレント公会議で、緊急に始末すべき十一作品の七番目に《最後の審判》の塗りつぶしを決議した（一五六四年一月十一日）。しかし、実際には塗りつぶしではなく修整が、画家ダニエレ・ダ・ヴォルテッラに命じられた。ミケランジェロの友人であり崇拝者でも

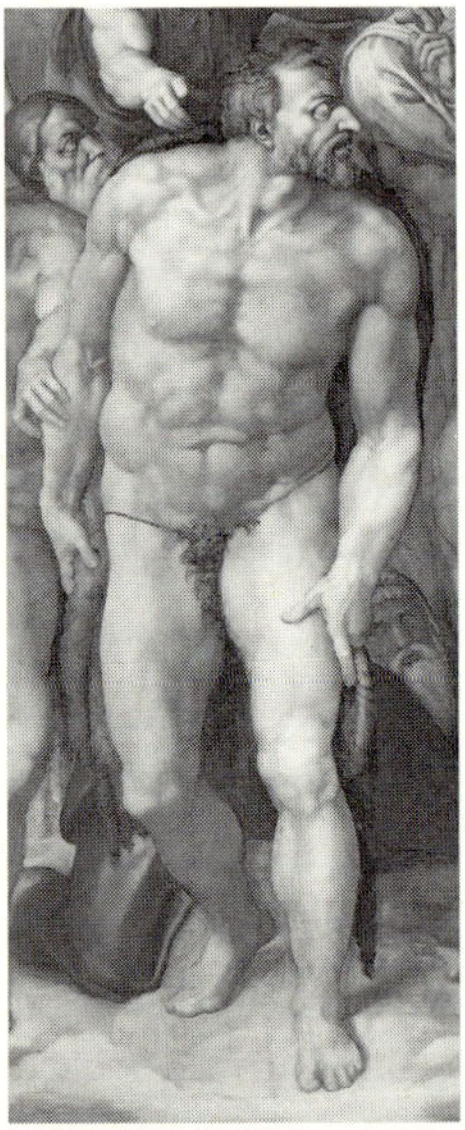

ミケランジェロ《最後の審判》で
股間に加筆された洗礼者聖ヨハネ。
ピエールルイジ・デ・ヴェッキほか
『ミケランジェロ・システィーナ礼拝堂
最後の審判』
（日本テレビ放送網　1996年）より

あるダニエレは、いかにも慎重に、何人かの人物の股間に布を描いただけなのに、Il Braghettone（イタリア語で「ズボン作り」の意）というありがたくない渾名を頂戴する。《最後の審判》に対する非難はその後も収まらず、修整は十八世紀半ばまで続いた。

日本では「ふんどし画家」という、ダニエレ本人にとっては、おそらくもっとうれしくない渾名で記憶されることになる。

汚名は、早くも明治十三年（一八八〇）には日本でささやかれていた。同年四月創刊の『臥《が》遊席珍《ゆうせきちん》』は日本最初の美術雑誌である。八月までに五号を出して終わった。主幹は高橋源吉、鮭の画家で知られる高橋由一の息子であり、発行元の白受社は由一経営の画学校天絵《てんかい》学舎の中に置かれた。創刊号にレオナルド・ダ・ヴィンチの略伝を、二号から第五号までミケランジェロの略伝を掲載した。

その中で《最後の審判》が裸体を描いたがゆえに非難を浴び、「デニアルデポルテラハ此画中最見ルニ堪ヘサル部分ニ布類ヲ付シ、以テ之ヲ掩ヒ、法王ノ怒ヲ静和セリ」とその顚末を紹介したあと、ひと

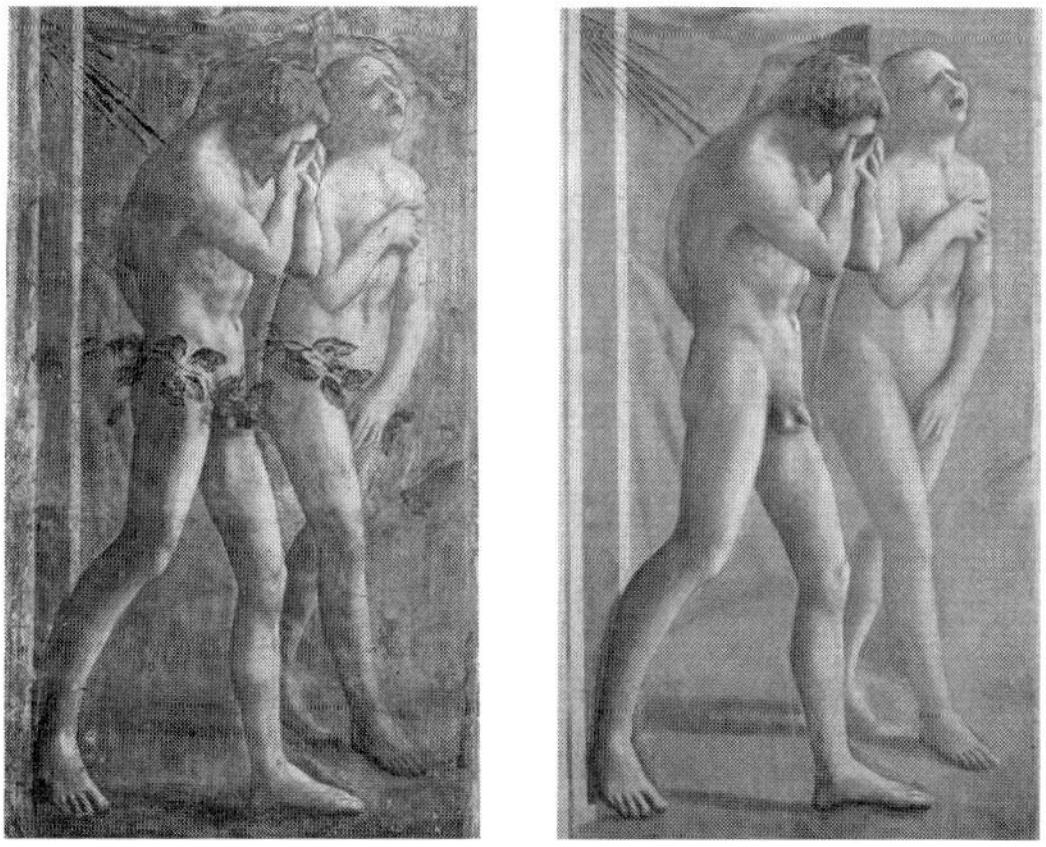

マザッチオ《楽園追放》で加筆された葉っぱは、現在は除去されている。
フィレンツェ、ブランカッチ礼拝堂
［右］オルネッラ・カザッツァ『イタリア・ルネサンスの巨匠たち　3　マザッチョ』（東京書籍　1994年）より
［左］『世界美術全集3　マザッチオ／マゾリーノ／ピエロ・デルラ・フランチェスカ』（集英社　1978年）より

クラーナハ《アダムとイヴ（堕罪）》
1537年以降　ウィーン美術史美術館蔵
「クラーナハ展—500年後の誘惑」図録
（国立西洋美術館ほか　2016〜17年）より

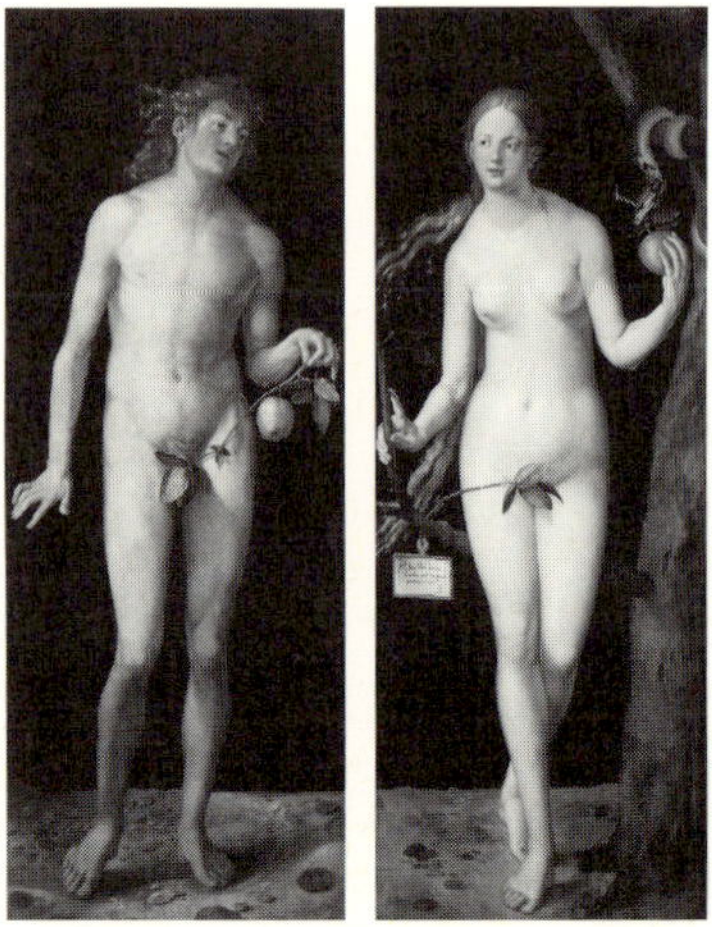

デューラー《アダムとイヴ》　1507年
プラド美術館蔵
『世界美術大全集　第14巻　北方ルネサンス』
（小学館　1995年）より

は彼を「犢鼻褌家《ふんどしか》」と呼ぶようになったと伝える（第四号）。《最後の審判》からではないが、ミケランジェロの手になる男性裸体像二体を図版で掲載している。それぞれ背面と側面から描いた姿で、正面からではないため「見ルニ堪ヘサル部分」はほとんど見えない。

システィーナ礼拝堂天井高く描かれた《楽園追放》は不問に付された。しかし、マゾリーノの《楽園のアダムとイブ》とマザッチオの《楽園追放》には十八世紀末になって葉っぱが描き加えられた［前頁2点］。それはおよそ二百年にわたって股間に存在し、一九八〇年代まで取り除かれなかった。

したがって、古い美術全集（たとえば集英社版『世界美術全集』第三巻、1978年の図三一と図五）やインターネットで、修復前の姿を簡単に見ることができるが、ふたりの股間は、聖書に忠実に、綴り合

《アダムとイヴ》 1235年頃
バンベルク大聖堂　ケネス・クラーク
『ザ・ヌード』
（ちくま学芸文庫　2004年）より

わされた葉っぱで隠されている。ただし、マザッチオのイブはもともと古代ギリシャ彫刻の「恥じらいのポーズ」（右手で胸を左手で股間を隠すポーズ）をとっており、葉っぱを必要としないはずだが、加筆画家は、股間と手のひらの間に強引に葉っぱを押し込んだ。むしろその痛みと屈辱に、イブは泣き叫んでいるように見えてしまう。

同じルネサンスの画家でも、アルプスの北になるといささか表現を異にする。ファン・エイク兄弟（ゲント祭壇画、聖バーフ聖堂蔵、一四三二年）、メムリンク（メムリンク美術館蔵、一四七九年）、デューラー（一五〇七年、プラド美術館蔵）［右頁右］、クラーナハ（ウィーン美術史美術館蔵、一五三七年以降）［同左］、ルーベンス（ルーベンスハイス美術館蔵、一五九八年頃）などを見れば、わずか数枚の葉っぱで隠しているものが多く、それらはいくら何でも小さ過ぎる。

逆に、大き過ぎる場合もある。ケネス・クラークの『ザ・ヌード』を読んで目にしたゴシック彫刻には驚いた。バンベルク大聖堂のアダムとイブ（一二三五年頃、ちくま学芸文庫版では四八八頁）［右］は、クラークによれば「彼らの身体は、ゴシックの聖堂の扶壁と同じくらい官能的要素に欠けている。エヴァの姿は、アダムのそれと比べて、わずかに胸のところにお互いに遠く離れた硬い小さなふくらみがある点だけが異なるに過ぎない。しかしそれでも、これらの彫像は細長く伸びた姿のなかに高貴さを湛え、建築的完璧さをもっているので、単なるはだかの人間ではなく、やはり裸体像なのである」。原文では「はだか」はnaked、「裸体像」はnudeであり、ヌードとは単にひとが衣服を脱いだ状態ではなく、理想化された姿だとするのがクラークの持論だ。

そんな高貴な姿のふたりに、彫刻家はなぜヤツデのように大きな葉っぱを与えたのだろうか。頭にかざせば傘にもなりそうだ。まさか、それでなければ隠せないわけではなかっただろう。葉っぱだけが理想化からこぼれ落ちている。

もっとも、小さな葉っぱで隠されたものが小さく、大きな葉っぱで隠されたものが大きいとは限らない。これはお約束に過ぎないからだ。どれほど小さな葉っぱであっても、それは間違いなく隠れる。その下には、実は何も存在しないからだ。

問題は、このお約束を日本では誰が最初に受け入れたかだろう。裸体画論争の発言者たちが「木の葉」を口にするわりには、描かれたイチジクの葉を日本で目にすることはほとんどない。

亜当《アダム》と挨窩《イブ》

明治の早い時期に、アダムとイブの姿を伝える書物がいくつか知られる。青木輔清編『万国奇談 一名世界七不思議』（和泉屋市兵衛、明治六年）の巻頭には「世界開闢の事」が奇談、あるいは不思議として載り、その最初の挿絵が「亜当挨窩《アダムイブ》の両人、易典《イデン》の園圃に住居ひの図」［左頁］である。すでにふたりは腰を葉っぱらしきもので覆っている。ところが、なぜそうなってしまったのかという肝腎要の説明がない。本文は「食物《しょくもつ》に不自由《ふじゆう》なく又宮室《いへ》もなく衣服《きもの》もなく」と樹の実を食べる前の暮らしを説明し、挿絵と合わない。西洋世界の太古の人物といった雰囲気で表現されている。

それに比べれば、奇散人（石川惟安）『絵本 天帝奇勲』（常磐屋、明治十九年）ははっきりと旧約聖書の創世記を紹介する絵本だ。初編は第一章「創造」から第三章「堕罪」、すなわち天地創造からアダムとイブの楽園追放までを扱い、神とアダムとイブと蛇の会話が絵に添えられている［次頁3点］。蛇の誘いに乗って禁断の樹の実を食べる場面では、アダムは真正面から描かれているが、股間には何もついていない。つぎにはもう恥を知ったあとの姿が描かれ、ふたりの股間はたくさんの葉っぱで覆われている［次頁中］。

青木輔清編『万国奇談 一名世界七不思議』（1873年）のアダムとイブ。国立国会図書館蔵

こんな会話を交わしていると、そこへ神が近づいてくる。

アダム「おたがひにコーなりでははづかしひ、ヲヤ、おやじのこゑがする、ここらへかくれヨー」
イーヴ「ほんとうにそうです、きのはでまへかけをこしらへましやうか」
カミ「こやつめ、おつなやうすを、しやアがる、ハテこのミをくひおつたナ」

そして楽園を追われる場面はつぎのとおり。葉っぱは前を隠しただけで、尻は丸見えである［同下］。

カミ「おのれどもは、おれがいましめたるこのミをくふて、ものしりになりうせたうへはまた、いのちのこのミをもくひかねぬゆへ、ふびんながらここにはおけぬ、はやくすぐうせろヤイ」

イーヴ「アレ、どうしやう、おゝこわや〳〵」

アダム「なんでもにげるがかちだ、はやく、きな〳〵」

奇散人『絵本 天帝奇勲』（1886年）に
描かれた「楽園追放」3図
国立国会図書館蔵

まるで大家の怒りを買って長屋を追い出される着の身着のままの夫婦みたいだ。神もアダムも口が悪い。のちに述べるように、この時期には旧約聖書の公式の和訳はまだ完了していない。「第一ありがたくて（信徒衆よましやれ）、第二面白くて（女中も子供衆もごらんなされ）、第三何処《どこ》となく寓意がござるぞ、いづれも理学的のまなこを開いて、真地目かしこみて読ましやりませ」（はしがき）という具合に、本書は信者ばかりでなく広く読者を想定して、面白可笑しく書いたものだった。ふざけた序文の筆者は「春のやの窓の下にて、おぼろ戯述」とあるから、坪内逍遙である。逍遙に序文を頼んだくらいだから、奇散人も神をこんなとぼけた調子で紹介する。「昼夜御独りで、飛だり跳ねたり考へたり、医者もなされば土方もなされ、植木屋、左官、人形師、千工万工を兼ね給へり、実に其御多忙御身労の程察し奉るなり」（自序）と。

医学書の中のアダムとイブ

当時、『造化機論』という性科学書がよく読まれた。千葉繁訳述『造化機論』（薔薇楼、明治八年）がそのきっかけとなったが、類書が山ほど出て通俗性を高めた。こちらにも、アダムとイブらしき男女の姿が見られる。富澤春淇集訳『造化繁殖演義図説』（高橋源輔、明治十二年）や池ノ谷文一郎編輯『新撰造化懐妊論』（薫志堂、明治十八年）［次頁右］が楽園追放の場面を思わせるが、男は腰に布を巻いている一方、女はむき出し、かつ陰毛に覆われている。

後者にはイザナギとイザナミの国産みの図もあることから、聖書の説明などは不要で、生殖につながる男女の図が欲しかっただけなのだろう。春画・春本にもイザナギとイザナミはしばしば登場する。『造化機論』は春画・春本代わりに読まれたという証言もある。春画の男女が表舞台から姿を消し、西洋伝来の裸体画が登場する時代を象徴するような本である。

こうしたアダムとイブの図像は、さらに百年はさかのぼる。少なくとも『解体新書』（須原屋市兵衛、安永三年＝一七七四年）［次頁左］にまではさかのぼる。杉田玄白らが訳した原書は凡例にいう

『打係縷亜那都米《ターヘル・アナトミイ》』（『ターヘル・アナトミア』はドイツの医師クルムスの解剖書、一七二二年）であるが、扉絵だけはスペインの医師ワルエルダが著した解剖書（一五七九年）から採った。全裸の男女のうち、男は右手に果実を、おそらくはリンゴを持ち、女に示している。

いうまでもなく、当時はキリスト教禁制の時代、意味不明のままの転用なのだろうが、原書扉絵と画家小田野直武が描いた『解体新書』扉絵の大きな違いは、後者の男と女は股間を手で隠していることだ。修整が加わった理由は、もし股間を隠さなければ、春画と同じように見られてしまう。学術書なのだから、それだけは避けたかったからだと美術史家の丹尾安典氏は推定する（「〝極東ギリシア〟の裸体像」『人の〈かたち〉人の〈からだ〉』平凡社、一九九四年）。

『解体新書』の最初の挿絵は背後から描いた男性裸体像（右手に棒を持ち、重心を右足に置いたギリシャ彫刻を思わせるコントラポストの姿勢）、つぎが正面から描いた女性裸体像で、こちらは右手で股間を隠している（いわゆるギリシャ彫刻の恥じらいのポーズ）。陰影を除けば、原著の挿絵にほぼ忠実である。ちなみに、「背」とのみ記されたこの男性裸体像は、おそらくは百二十年ほどのちに、高木背水が白馬会研究所時

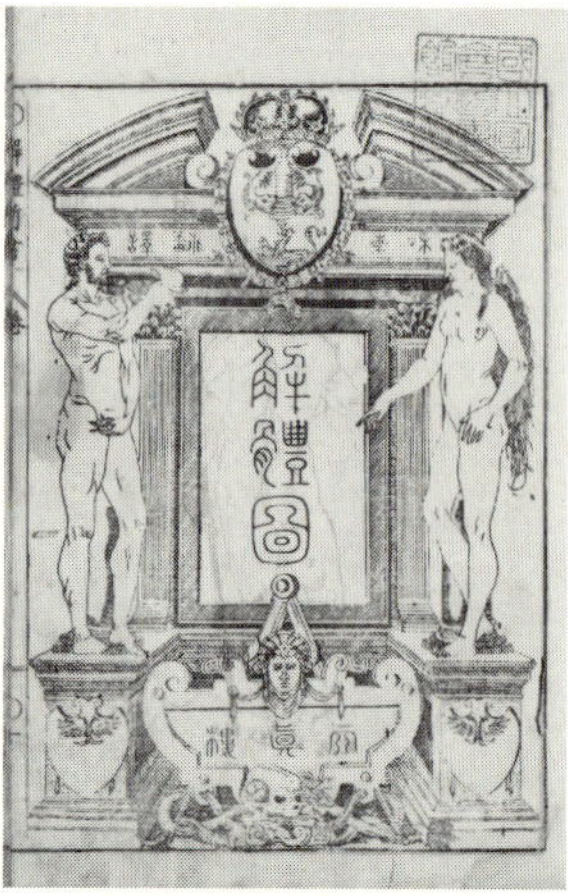

『解体新書』（1774年）の
小田野直武による扉絵
国立国会図書館蔵

池ノ谷文一郎編輯『新撰造化懐妊論』
（1885年）のアダムとイブ
個人蔵

代に描いたデッサン《竹棹を持つ男》（制作年不詳、東京藝術大学蔵）にそっくりである。

大槻玄沢『蘭説弁惑』（山形屋東助、寛政十一年＝一七九九）も紹介しなければならない［49頁］。蘭学者玄沢が門人の問いに答えるかたちをとる。オランダ人には踵がなく、眼は畜類の如しと聞くが本当かという問いに対して、玄沢は男女の裸体画を示し、そんなことはない。たとえ衣服言語は異なっても、身体は同じだと説く。その男性裸体像は筋骨隆々とした身体を正面から描いたものだが、右手に葉っぱではなくなぜか花を持って股間を隠している。注釈に、この裸体画は解剖書から採ったとあるが、それが何かはわからない。

葉っぱありき

蘭学の隆盛とともに、こうした西洋における裸体像の古いイメージが断片的に伝わってきてはいたものの、アダムとイブへの理解、そしてふたりの股間を覆い隠すイチジクの葉への正しい理解は、旧約聖書の翻訳を待たねばならない。それは、明治九年（一八七六）東京聖書翻訳委員会の創設に始まる。その後改組された聖書翻訳常置委員会によって明治二十年（一八八七）にようやく『旧約聖書』（『文語訳 旧約聖書』岩波文庫）が訳了された。そこでは、先に引いた箇所はつぎのようになる。「是《ここ》において彼等の目倶《とも》に開けて彼等その裸体《はだか》なるを知り乃《すなは》ち無花果《いちじく》樹の葉を綴りて裳《も》を作れり」。楽園をあとにするときの服装はやはり「皮衣」であった。

アダム像もイブ像も、キリスト教への深い理解を経ることなく、まずはキリスト教美術を通して伝わってきた。したがって葉っぱで覆われた股間ありきだった。本来ならば、「アダムと其妻は二人倶に裸体にして愧《はぢ》ざりき」だったのに、樹の実を食べたとたんに、「彼等の目倶に開けて彼等その裸体なるを知り乃ち無花果樹の葉を綴りて裳を作れり」となるのはなぜか、誰に対する羞恥なのか、顔でも尻でもなく、股間を覆うことでなぜそれは解決されるのか。この先には、キリスト教の性をめぐる広大な問題が広がっており、股間の葉っぱはその入口に過ぎない。

これは岡田温司『アダムとイヴ』(中公新書)に教えられたことだが、アダムとイブが出会ってから楽園を追われるまで、どのくらいの時間が過ぎたのか(ダンテ『神曲』はほんの六、七時間だとする)、その間、ふたりは何をしていたのか(アウグスティヌスはアダムとイブが「人と妻」と呼ばれることからすでに性交渉はあったとする)、アダムとイブではどちらがより罪深いのか(一般には悪魔と結託したイブが悪いとされるが、イブに責任を押し付けるアダムだって悪いとする説もある)など、原罪と性に関してさまざまな解釈と議論が行われてきた。

アウグスティヌスの『神の国』(岩波文庫)が示すのは、おそろしく真面目な答えである。その第十四巻第十七章は、ふたりが恥ずべきものとして見た裸について論じる。それまでも自分たちが裸であることに気づかなかったわけではない。しかし、裸はまだ恥ずかしいものではなかった。ところが、樹の実を口にした(罪を犯した)とたん、欲情がふたりの身体の部分を勝手に動かすことになった。この部分が「プデンダ pudenda(恥部)」である。つまり「肉の不従順」によって、裸が見苦しいものになり、狼狽し、イチジクの葉を綴り合わせてそこを隠したのだ。これ以後、すべての種族が恥部を隠すことになった。

第二十四章では、身体のこの勝手な動きについてさらに考察を深める。もし罪を犯さなかったら、性的器官は欲情によって刺激されず、意志によって動かされ、必要な時に必要なだけ男は子孫の種を蒔き、女はそれを宿したはずだとする。

「すなわち、神にとって、人間をおつくりになる際、人間の肉において現在は欲情を伴わずしてはけっして動かされないあの部分もまた、ただ意志のみによって動かされるというようにおつくりになることは困難なことではなかったのであった」（服部英次郎訳）。

東京大学のファウヌス

東京大学工学部一号館の玄関ホールに、古い石膏像が置かれている。ローマ神話に登場する森の精霊ファウヌスである。両手にノハクロタ－ラ（シンバルの一種）を持ち、右足でスカベルムという楽器を踏んでいる。前著『股間若衆』では《シンバルを持つサテュルス》として紹介したが［同書25頁］、フィレンツェのウフィッツィ美術館が所蔵する《踊るファウヌス》によく似ていることから、ファウヌスに訂正したい。もちろん、ギリシャ・ローマ美術においてサテュルスとファウヌスのイメージは混合して、半人半獣から楽器を奏でて踊る子どもまでさまざまな姿で表現されてきた。

東京大学のファウヌスは東日本大震災で破損したため修復を行ったところ、「彫、第七号、ロ印」という古い墨書が台座部分に発見された。ますますそれは松岡壽が描いた工部美術学校教場の絵［同24頁］にあったものの可能性を高めた。そうであれば、松岡ら画学生たちの前に、葉っぱは自明のものとして登場したことになる。

先に葉っぱはキリスト教美術とともに伝来と書いたが、この事情はもう少し複雑である。なぜなら、サテュルス

《踊るファウヌス》
（ウフィッツィ美術館蔵）の
19世紀後半の写真

にせよファウヌスにせよ、キリスト教から見れば異教の精霊、怪物たちである。したがって、それらの股間に葉っぱが舞い落ちる理由はない。当然、ウフィッツィ美術館の《踊るファウヌス》の股間はむき出しである。

では、なぜ東京大学のファウヌスの股間に葉っぱがあるのか。その手掛かりとなるのは、《踊るファウヌス》を撮った十九世紀後半の写真［前頁］である。その股間には葉っぱがついている。キリスト教美術における性器隠蔽の煽りを受けて、ギリシャ・ローマ美術にまで葉っぱがはびこったのだった。とはいえ、それは決して古い話ではなく、風俗壊乱を問題視する近代の出来事だった。

「帰ってきた股間若衆」でふれたとおり、ロンドンのハイドパークに立つアキレウス［13頁上］は、一八二二年に除幕されるや否や、風俗に与える影響大という社会的非難を浴びて葉っぱがついた。同じロンドンのヴィクトリア&アルバート美術館には、五〇センチもある石膏製のイチジクの葉っぱ［下］がある。一八五七年、ヴィクトリア女王は大トスカナ公からミケランジェロのダヴィデ（石膏製レプリカ）を贈られた。女王はそれが全裸であることに衝撃を受け、王宮には置かず、すぐに美術館に譲り渡した。美術館は股間に取りつける葉っぱを用意し、王室のひとびとの訪問に備えた。二十世紀を迎えても、それはまだついたままだった。もちろん現在は取り外され、ダヴィデの背後のケースの中に大切に保管されている。二〇一二年にウィーンで開催された「裸の男 Nude Men」展（レオポルド美術館）には、葉っぱにだけお呼びがかかって海を渡った。

ミケランジェロ《ダヴィデ》の石膏製レプリカに取り付けられていたイチジクの葉。
レオポルド美術館「Nude Men」展図録（2012年）より

竹下慶一《いずみ》 筆者撮影

日本に話を戻せば、その後、画家となった松岡壽が葉っぱを描くことはなかった。「清輝の、性器の、世紀の大問題」で指摘したとおり、葉っぱではなく腰布を選んだ黒田清輝の教育の下で、葉っぱは日本の画家にとって完全に無縁なものとなった。

対照的に、彫刻家は葉っぱを受け入れた。彫刻家は人間像と取り組むしかないからだ。動物彫刻や植物彫刻は建築装飾という意味でも副次的だし、風景彫刻というものには需要がなかった。ゆえに彫刻家は解剖学を熱心に学んだ。人間の骨格と筋肉に通じ、最後に皮をかぶせるようにして粘土で人間を再現した。そして、腰に布を巻く状況をうまく説明できないから、手っとり早く、葉っぱで済ませた。

そんな彫刻家の仕事は神が土をこねて最初の人間アダムをつくったことに似ている。さらにアダムがその股間を葉っぱで隠して、そそくさと神の前から姿を消した話になんとよく似ていることか。いや、それは順序が逆で、楽園を追われたアダムのその姿に似せて、その子孫たちをモデルにして、彫刻家はせっせと彫刻をつくってきたのだから当たり前の話なのである。

わたしが見つけた最も新しい葉っぱは、金沢城外濠公園白鳥路に立つ若衆、竹下慶一《いずみ》［右］の股間にまとわりついていた。複数の葉っぱが重なり合い、作者が旧約聖書にいかに忠実であるかがわかる。

ゆるい男

ゆるふん

こんな絵［左頁］を見ると、人間ってつくづくバカだなと思う。描く奴も描く奴だが、描いてくれと頼む方も頼む方だ。画面に記された「為吟□」の文字は、吟□の求めに応じて描いたと読めるからね。ふたりはいったい何を考えていたのか。

画面縦横の比率は掛け軸のスタイルだ。すると床の間に掛けたのか。そうだとしたら、それはいつ、どんな時に、誰の前で。お茶会で、まさか！

絵描きの名は河鍋暁斎、江戸時代から明治時代にかけて、江戸・東京で活躍した。はじめは狂斎を名乗った。明治三年（一八七〇）に不忍池畔の料亭にて即興で描いた絵がお咎めを受けてその場で捕まり、牢屋にぶちこまれた。政府高官をからかったからとも外国貴人を侮辱したからともいわれる。また別の説によれば、その時の絵は春画で、ゆえにいっそう風刺に毒があったからだという。暁斎の春画については、この本のあとの方で話題にするつもりだ。

そのころはまだ警察制度も出来上がっておらず、大伝馬町にあった江戸時代さながらの牢名主がいるような牢屋に罪人がぎゅうぎゅうに押し込まれていて、暁斎はすっかり身体を壊してしまった。おまけに笞打ち五十の刑を受けてようやく放免、それで懲りたのか、それまでの雅号に用いてきた「狂」の字を「暁」に変えて暁斎とした。ゆえに暁斎と書いても、「ぎょうさい」ではなく「きょうさい」と読む。

「狂」には逸脱という意味がある。「狂者」は世俗を抜け出し、そのことでむしろ「聖人」に近づく。「狂画」は滑稽な絵、戯れに描いた絵といった意味になる。葛飾北斎は「画狂人」を名乗り、歌川国芳はしばしば絵の中に「狂画」と記した。

狂斎は暁斎に変ったあとも、ふざけた絵を描きつづけた。筆禍事件はむしろ暁斎に箔をつけたかもしれない。酔っぱらって描くことも好きだった。というよりも、ふだんから酒が大好きだった。席画《せきが》といって、人前で描くこともよくやった。だから人前で酔った勢いにまかせて描くこともしばしばだった。暁斎の筆が走って、みるみるうちに観音様や閻魔大王、鍾馗や鬼が姿を現すのを見ていた連中だって、同じように酒に酔ってさぞかし気分がよかったに違いない。

そうとう酔っぱらっていたなと思わせる絵が何枚もある。この絵もそうだ。「惺々暁斎」の「斎」はとりわけ乱れて、もはや墨の汚れにしか見えない。最初の三文字がなかなか読めなかっ

河鍋暁斎《友人の肖像》
ビーティヒハイム・ビッシンゲン市立博物館蔵
Stadtmuseum Hornmoldhaus Bietigheim-Bissingen, *Der grösste jetzt lebende japanische Maler - Kawanabe Kyôsai (1831-1889) : Bilder aus der Sammlung Erwin von Baelz*, Stadt Bietigheim-Bissingen Stadtarchiv: 1997, p.80.

た。う〜ん、何だろう、何だろうと眺めているうちに、突然暁斎が降りてきて、耳元で「為吟香」とささやいた。それまでは暁斎の自画像かと思っていたのだが、にわかに岸田吟香の可能性も出たことになる。

いまでこそ吟香は岸田劉生のお父さんとして知られるが、昔は劉生が吟香の息子だというぐらい、吟香は明治の東京の有名人だった。暁斎も大男だったが、吟香も大男だった。酒を飲みながら、いかにも大男が背中を丸めて、印章か何かの彫り物に夢中になっている様子だ。しかし、くずし字が読める何人かの知人に尋ねたら、やっぱり「為吟香」と読むのは無理らしい。残念！あとひとり、先にふれた安達吟光、天皇を骸骨の姿に描いた画家の可能性がある［59頁参照］。しかし、暁斎と吟光の交遊関係はよくわからない。

暁斎が吟□の求めに応じて吟□の姿を描いた。
暁斎が吟□の求めに応じて暁斎の姿を描いた。
暁斎が勝手に吟□の姿を描いて吟□に贈った。
暁斎が暁斎の姿を描いて吟□に贈った。

以上四とおりの組み合わせが考えられるが、いずれにしてもふたりは楽しそうだ。こんな絵を描き、贈ったりもらったりして楽しんだひとたちがいると考えただけで、日本に生まれてきてよかったと言ってこの絵を家人に見せたところ、顔をしかめて、「女は見たくないね」と応えた。勘違いしないでほしい。これは絵であって、現実ではない。目の前に酔っぱらった着物姿の男がいて、立て膝をつき、ふんどしから何かをぽろりと見せている、わけではない。そんな気持ちの悪い男があなたのすぐ目の前に座っていたのなら、男だってあんまり見たくはない。

これは共感の問題である。その意味では、「女は見たくないね」という発言は断然間違っていて、「女にはわからないね」というべきだった。わからないということすらわからないだろう。このゆる〜い感じをひとことで表現すると「ゆるふん」になる。

褌好き

拙著『わたしの城下町』(筑摩書房、二〇〇七年)の中に、「ブリーフよりはトランクス、トランクスよりはふんどし、六尺ふんどしよりは越中ふんどし、いやそんなものは付けてはいませんよ、私は気分がいつも『ゆるふん』」と書き出した一文がある。気分というよりはふだんの態度が、研究に取り組む姿勢が、つまりは生き方が、と言い換えた方がよいかもしれない。いつも、どこからかはみ出してしまうものを追いかけてきたからだ。

最初の本『美術という見世物』(平凡社、一九九三年)では美術からはみ出した見世物を、『ハリボテの町』(朝日新聞社、一九九五年)では美術作品に対する作物《つくりもの》やハリボテの凱旋門を、『わたしの城下町』では本物のお城に対するベニヤ造や鉄筋コンクリート造のお城を、『股間若衆』(新潮社、二〇一二年)では女性ヌードに対する男性ヌードを、『戦争という見世物』(ミネルヴァ書房、二〇一三年)では本物の戦争に対する疑似戦争、疑似切首、疑似軍艦、疑似海戦を、『銅像時代』(岩波書店、二〇一四年)では彫刻芸術に対する銅像やゆるキャラを追いかけ、どちらかといえばそれらの肩を持ってきた。要するに、何であれ、ぎゅうぎゅう締めつけてはいけないと思うのだ。

『股間若衆』の反響の中に、こんなツイートがあるのを見つけた。いつまでもリツイートされるとは思えないので、ありがたくここに記録させていただく。

「股間若衆」って本があるんですけどね、褌好きによる褌好きの為の本なので興味のある人はおすすめです。股間に興味のある人でもＯＫです。

（いわっち、二〇一五年六月十四日）

そんなマニアックな本が…！

（なすばー、同月同日）

本の世界はネットよりも広大かもしれません…まだまだ我々の知らぬ世界が…

（いわっち、同月同日）

かならずしも「為褌好」に書いたつもりはないけれど、ここでも共感はできる。実際にこの本に掲載したふんどし男の絵や写真はわずか数人しかいないのに、と書こうとしてあらためて数えたら、二十五人もいた。刺青自慢の明治の男たちを紹介したから、一気に増えてしまったのだ。さらにふんどしなのかよくわからないものを身につけた男も何人かいる。あとは全裸か葉っぱが多い。それにしても、ふんどしに食いつく「褌好き」っているんだ。広大なまだまだ我々の知らぬ世界が……。

ただし、どんなふんどしが好きなのか、それはひとによって異なるだろう。わたしは「ゆるふん」がいいが、『股間若衆』に登場した男たちはほとんどが六尺ふんどしをきりりと締めていた。そこでも紹介した細江英公『薔薇刑』や矢頭保『ＯＴＯＫＯ』の三島由紀夫はその好例、逆に三島が着流しで、立て膝ついて、ふんどしの脇からごろりと何かを出しながらちびりちびりと酒など飲んでいる姿は想像できない。

そんな姿態は男の風上にもおけない。男の肉体も精神もきりりと引き締まっているべきである。そういう姿こそが絵になり、彫像になるのであって、ゆるふんなどというものはそもそも表現に値しないのである。ゆえに、暁斎のこの絵は際立っている。

こんなツイートにも出会った。これまた共感できる。


「股間若衆」P．171の、浅草祭りで褌をモッコリさせて恍惚となる男（土田ヒロミ「東京、浅草」）が、バタイユの凌遅刑の写真の男の表情と重なるなど、読み方は曖昧模っ糊りしております。（大半は笑いどおしw）

（三月うさぎ兄、二〇一二年四月二十一日）


『股間若衆』がこんなに「褌好き」に受け入れられたのならば、朝倉文夫の彫像《水の猛者》をもっと大きな写真で紹介すればよかったと後悔した。それは全身像を小さく［同書177頁］、股間部分をアップで［同178頁］掲載したが、残念ながら写真が不鮮明だった。期待に応えて、あらためて大きく紹介する［次頁］。男が締めているものは越中ふんどしでさえない。もっとゆるくて小さい。この男にも浅草で会うことができる。台東リバーサイドスポーツセンターの体育館玄関にいつも立っているからだ。

友人がこれは「もっこふんどし」だと教えてくれた。インターネットで調べれば、男性用・女性用もっこふんどしがいろいろ市販されており、その作り方や穿き方を連続写真や動画でたちどころに学ぶことができる。越中ふんどしが紐を前で結ぶのに対し、もっこふんどしは脇で結ぶ。

「ゴムを使っていないから締め付け感がなく、血流がよくなる。締め付け感がなく子宮が圧迫されないので、生理痛が改善される。通気性もよく蒸れない。リラックスでき安眠できる」といいこと尽くめで、「デメリットは『はずかしい』ぐらいでしょうか」（「もっこふんどしの作り方」mama.moo.

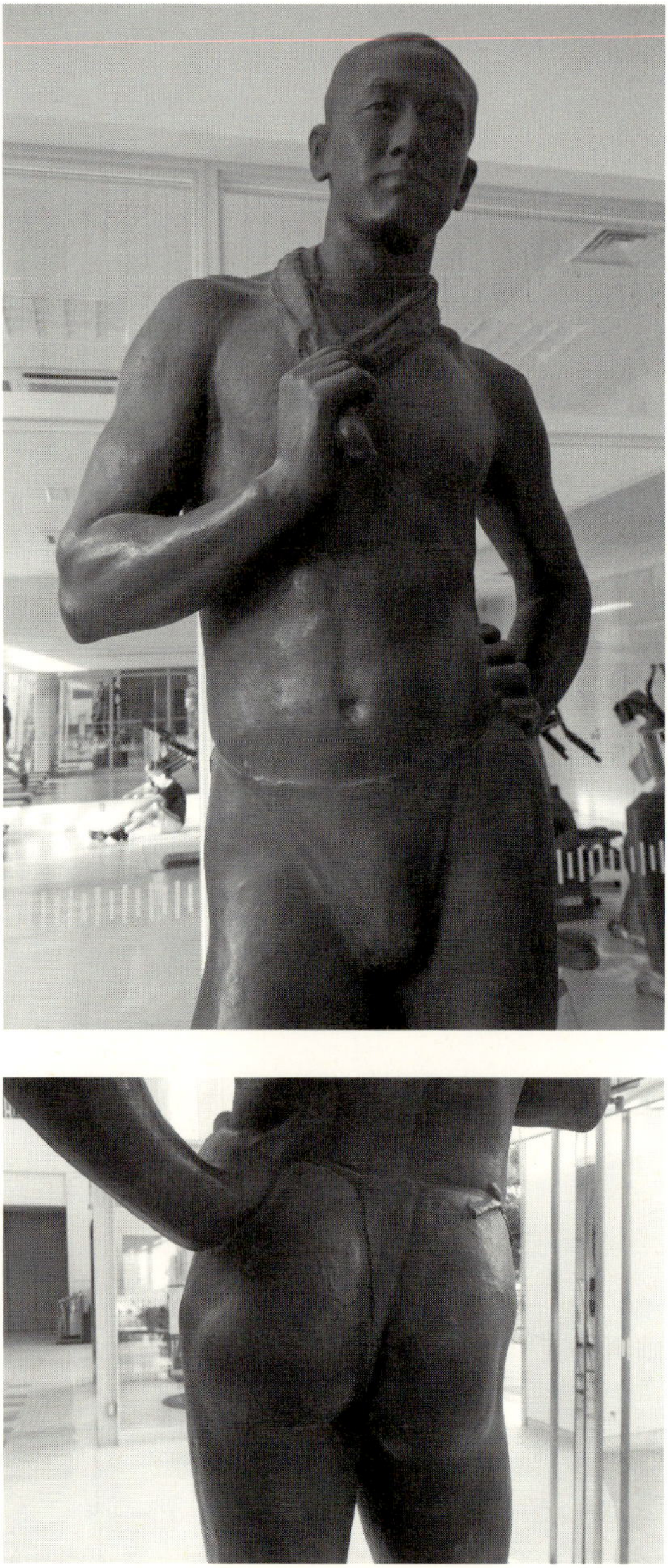

朝倉文夫《水の猛者》
（2点とも） 1926年
筆者撮影

jp/mokkofundosinotukurikata）という説明には、子宮を持たないわたしでも納得してしまった。

ふんどし求めてネットサーフィンをすると、「パンちら」ならぬ「フンちら」、「見せパン」ならぬ「見せフン」という言葉が飛び交っていることも知り、とても勉強になった。たしかに、祭りや歌舞伎では「見せフン」が重要な役割を果たしてきたし、それが今やアニメやゲームの世界に飛び火している。

一般社団法人日本ふんどし協会のウェブサイトでは、語源（農作業で使う簣《もつこ》に由来）や大正期には水泳に用いられたことも教えられた。なるほど朝倉文夫の《水の猛者》はこれから泳ごうとする選手の姿にほかならない。

それからまた別の友人が、「お前さんは股間、股間と騒いでいるようだけど、俺たちゲイにとって大事なものは前より後ろだよ」と教えてくれた。すると、新海竹太郎のこんな発言にあらためて目がとまった。

最初は陰部を露出して作ると云ふことは決してなかつた。大概は布片とか其他何等かの方法で之を掩ふたものだから実に不自然で、其為めに作品の価値を何程害して居つたか知れなかつたが、併し追々と一般の目も発達し、従つて警察の方も大部進歩して来た為めに、単に陰部を露出した位で特別室に入れる様なことはなくなつたが、近年は前面よりも却つて後方から見て尻を気にする様な傾きがある。それはある方面が鹿児島に縁があるからだなどと云ふものもあるが、まさかそんな訳でもあるまい。

（新海竹太郎「文展の裸体作品」『美術新報』大正五年十一月十七日）

新海のいう「ある方面」とは警視総監、さらにその上の内務大臣を指すのだろう。試みに「腰巻事件」で明けた二十世紀初頭の歴代警視総監を調べたところ、明治三十三年（一九〇〇）から新海がこの記事を書いた大正五年（一九一六）までの十七年間に九人が警視総監となり、このうち鹿児島出身が四人を占めていた。薩摩藩士の子として生まれた安楽兼道は四度も警視総監の座にあった。さらに佐賀出身が二人、熊本出身がひとりいるから、鹿児島のみならず九州出身者が多い。また、「腰巻事件」の時に警視総監だった大浦兼武は、その後内務大臣を二度務めている。うっかりしていた。まるで気づかなかった。《水の猛者》の周囲をぐるぐると回りながら、尻の写真もしっかり写していたにもかかわらず、ついつい世間の常識にとらわれてしまった。そんな反省を込めて、後ろからの姿もここに掲げる。

それにしても、彫刻表現において、鹿児島ならぬ大分生まれの朝倉文夫の少年愛は際立っている。しかし、そのこともまた美術史は何ひとつ教えてくれない。これら股間若衆を美術史の中にぎゅうぎゅうと押し込まずに、「まだまだ我々の知らぬ世界」へと解き放ってあげよう。

兵隊のふんどし

美術の世界では、「ゆるふん」はなかなか表現されないものだと思ったきっかけはもうひとつある。日中戦争・太平洋戦争の泥沼化という比喩どおりに、中国戦線でも南方戦線でも、兵隊たちがふんどし一丁になってぬかるみの中を行軍する光景は、写真や映画でいくらでも目にすることができる。それが戦場のありふれた光景であったはずなのに、いわゆる戦争画の中にはほとんど描かれない。

陸海軍が公式に制作を委嘱した戦争画は「作戦記録画」と呼ばれ、敗戦後にアメリカ政府によって接収され本国に持ち去られたが、昭和四十五年（一九七〇）に無期限貸与というかたちで百五十三点が返還された。現在は東京国立近代美術館に収蔵され、少しずつではあるが目にすることができる。なるほどそれらは戦争の歴史的な公式記録であるとともに、戦時下の国民に向けて戦意高揚を迫るものでもあった。ふんどし丸見えの皇軍兵士はかっこわるいと判断されたのだろう。

たしか清水登之《とし》という画家が描いてはいなかったかと思い出し、手許にある針生一郎ほか編『戦争と美術１９３７―１９４５』（国書刊行会、二〇〇七年）という画集を開いてみたところ、清水の《工兵隊架橋作業》［左］の図版はあったものの、大半の工兵は上半身のみ裸、ズボンは穿いたままで、泥水の中に杭を打ち込む作業を行っている。わずかにひとり、画面右端の後ろ向きの兵隊がふんどし姿に見える。

清水登之《工兵隊架橋作業》 1944年
東京国立近代美術館蔵（無期限貸与作品）
Photo: MOMAT/DNPartcom

もっとも、これは現実の光景でも画家の想像でもなかった。同書の解説によれば、制作過程は複雑である。陸軍美術協会からマレー作戦記録画制作を委嘱された清水は昭和十九年八月十五日に日本を発って上海経由で南京に入った。出発前に、読売新聞社や松戸の工兵学校から参考になりそうな写真を入手していた。九月十八日に陸軍報道部を訪れ、五人の兵隊に架橋工事を演じてもらい、それを写真に収めた。二十日から制作に取りかかったところ、三人の軍幹部が工兵の力不足やゲートルの表現の不備を指摘するなど口を出し、修整を余儀なくされた。清水自身「最初の頃の面白さはなくなったが記録画としての態勢を調えてきた」と日記（同年九月二十六日条）に記している。こうした事情を知れば、ふんどし姿の工兵が画面に登場する余地はない。

　ところで、敗戦まであと一年を切った時点で清水が描いていた光景は、二年半も前の昭和十七年二月、シンガポールへ進撃する独立工兵第十五聯隊の活躍ぶりである。日本軍は二月十五日にシンガポールを陥落させ、昭南と名づけた。作戦記録画を語る上では外せない藤田嗣治は、陥落直後に陸軍省からシンガポールに派遣された。戦跡を取材し、その成果は《シンガポール最後の日（ブキテマ高地）》となって、十二月に開かれた第一回大東亜戦争美術展で公開された。マレー作戦の記録画ともいうべき中村研一《コタ・バル》も宮本三郎《山下、パーシバル両司令官会見図》もいっしょに展示された（ちなみにこの『戦争と美術１９３７—１９４５』には著作権者の意向で最も重要なはずの藤田の戦争画が一切掲載されていない）。

　その後、東南アジアでの戦線はマレー半島からタイ、ビルマ（現在のミャンマー）へと拡大した。タイとビルマを結ぶ泰緬鉄道の建設に日本軍が着手するのは七月、当初五年は要するだろうといわれたが翌年十月に開通させてしまった。日本兵と現地人「ロウムシャ」（マレーシアやインドネシアからも徴用）ばかりでなく、英米軍捕虜もおよそ六万人が働かされ、あまりに過酷な労働ゆえに

ノリッチ戦争博物館に展示された、
ふんどし（右上）とパンツ（その下）。
筆者撮影

数えきれない死者を出した。それゆえに英語圏ではDeath Railwayの名で知られる。

そうした強制労働のいまわしい思い出の品にふんどしがあることを教えられたのは、イギリスのノリッチという町で訪れた小さな博物館だった。その町から遠いアジアの戦場へと送り出されたひとびとの数々の遺品の中に、ふんどしとパンツが並んで展示されていた［右頁］。

灼熱下での過酷な労働が始まると、軍服はすぐに破れてぼろぼろになり、破棄するほかなかった。代わりに、誰もが日本兵のふんどしを真似てつくられた最小限の布切れを身にまとった。誰かが自嘲気味に、それをJap-happyと名づけた。工事が完成すると、再びシンガポールの捕虜収容所に送られ、そこで一九四五年八月の終戦までを過ごした。解放された時、ふんどしひとつの捕虜たちは、まるで生きた骸骨のような姿をさらして写真に写っている。

一方の緑色のパンツはオランダ軍の軍服を改造したもので、強制労働からの解放、スポーツ大会や演劇公演などが許された収容所での日々を伝えるものと説明されていた。ふんどしと異なり、手が込んでいる。何よりも洋風である。

For the first three years of captivity, the only clothing I have had from either the IJA or the Red Cross has been a ballbag from the Japs. Excuse the bluntness, but if I called it a 'Jap-happy', you wouldn't understand... it's merely a plain piece of black cloth with tying strings at one end; one places it between the legs and threads the longer tape through the end in front, then tie both tapes. The Japs wear these as pants – hence 'Jap-happy'. Our people are now forced to wear them without shorts – they haven't any.

Charles Steel, *Burma Railway Man : Secret Letters from a Japanese Pow*, Barnsley, 2004

捕虜となった初めの三年間、日本軍か赤十字のどちらからか支給された衣服はボールバッグ（金玉袋）だったよ。身もふたもない言い方をすればね。それを私がジャプ・ハピーと呼んだとしても、分ってはもらえないだろうな。それは片方の端に紐がついた本当に小さな黒い布切れだった。まず股に当て、長い方を前に通して挟み込み、それから紐を結ぶ。日本兵の奴らはこれをパンツとして穿いていた。だからジャプ・ハピーなんだ。今では、われわれもそれを無理やり穿かされていて、半ズボンはない。ほかにはもう何もない。

藤田嗣治がシンガポールで絵筆を執っていたころ、水木しげるは徴兵検査を受け、近眼のために乙種合格となった。その後、水木は岐阜聯隊の補充兵としてニューブリテン島ラバウルに送られた。清水登之がマレー半島で架橋作業のポーズを兵隊にとらせていたころ、水木は所属する部隊がほぼ全滅する中でかろうじて生き延びたものの爆撃に遭って左腕を失った。もっとも、水木しげるが水木を名乗るのは復員後に残された右腕一本で紙芝居の仕事を始めてからだから、正しくは武良《むら》茂二等兵である。

戦争が終わったあとトーマという町で日本への引揚げを待つ間に、幸運にも武良は紙と鉛筆を手に入れ、絵を描くことができた。そこには、何のために戦い、なぜたくさんの仲間は命を落とさなければならなかったのかを自問するようなふんどし一丁の兵隊の姿が何人か描かれている。復員後も武良は取り付かれたように、発表するあてもないまま、わら半紙に『ラバウル戦記』を描きつづけた（いずれも『水木しげるのラバウル戦記』ちくま文庫に収録）。

軍の要請で絵筆を執った画家たちはふんどしのある光景を描かない。一兵卒であった武良は描

水木しげる『トーマの日々』より
《斎藤上等兵》 1945年
水木しげる『水木しげるのラバウル戦記』
（ちくま文庫　1997年）所収

水木しげる『総員玉砕せよ！』
（講談社文庫　1995年）より、
上官のふんどしを洗濯する場面。
©水木プロ（2点とも）

く。それが戦場の現実だったからだ。「百姓上りのゆったりとしたおっさんだった」分隊長のふんどしを一ダースも「チェッ糞までついてらあ」と不平たらたら洗った経験を、『水木しげるのラバウル戦記』にも『総員玉砕せよ！』（講談社文庫）にも書かずにはいられなかった［上2点］。

この視点の違いは戦争の捉え方にも反映する。平成二十七年（二〇一五）は終戦七十年ということで戦争画にも光があたり、なかでも藤田嗣治はとりわけ強く照らされた。東京国立近代美術館で開催された「MOMATコレクション　特集：藤田嗣治、全所蔵作品展示。」（同年九月十九日〜十二月十三日）の会場で、代表作とされる《アッツ島玉砕》［次頁］をまじまじと見た。大画面いっぱいに日米両軍の死闘が繰り広げられる。あま

藤田嗣治《アッツ島玉砕》 1943年　東京国立近代美術館蔵（無期限貸与作品）
Photo: MOMAT/DNPartcom　©Fondation Foujita / ADAGP, Paris & JASPAR, Tokyo, 2016 E2412

りの凄惨な光景に、発表当時から、戦意高揚どころか戦意喪失をもたらすのではないかという意見すらあった（石井柏亭『美術の戦』宝雲舎、一九四三年）。大本営陸軍報道部の山内一郎大尉は発表前に詳細なチェックを行った。

藤田はこの絵が青森で公開された時、年老いた男女がその前に膝をついて祈り拝んでいる姿を目にした。さらに彼らは絵に賽銭を投じ、画中のひとびとの冥福を祈った。この光景を見て、藤田は「この画だけは、数多くかいた画の中の尤《もつと》も快心《ママ》の作だった」と確信した（近藤史人『藤田嗣治「異邦人」の生涯』講談社文庫）。

東京美術学校の学生だった野見山暁治は、隣の東京都美術館で《アッツ島玉砕》が展示されており、賽銭箱に十銭投げると藤田がお辞儀をす

水木しげる『総員玉砕せよ！』より、
玉砕の場面　©水木プロ

るぞという話を聞いて駆けつけると、本当に国民服を着た藤田が直立不動の姿勢でかしこまっていた。それを目にして、「この人は戦争ゴッコに夢中になり、画面の横につっ立って大真面目の芝居を娯しんでいるのではないか」と回想している（『四百字のデッサン』河出文庫）。

野見山が見抜いたとおり、人間と向き合うことにおいて、藤田嗣治の《アッツ島玉砕》は水木しげるの『総員玉砕せよ！』［上］の足元にも及ばない。藤田は軍から画材も便宜もたっぷり与えられ、目にしたことのない「玉砕」を西洋の戦争画の伝統を強く意識しながら想像力だけで描いたが、水木は「玉砕」を自ら体験したからだ。

生き残りがいれば、それは「玉砕」ではないという意見があるかもしれない。しかし、ここでも水木は戦場の現実をつぎのように教えてくれる。

この「総員玉砕せよ！」という物語は、九十パーセントは事実です。ただ、参謀が流弾《ながれだま》にあたって死ぬことになっていますが、あれは事実ではなく、参謀はテキトウな時に上手に逃げます。

物語では全員死にますが、実際は八十人近く生き残ります。
だいたい同じ島で「オレたちあとで死ぬから、お前たち先に死ね」といわれても、なかなか死ねるものではありません。
「玉砕」というのは、どこでもそうですが、必ず生き残りがいます。

（中略）

「あの場所をなぜ、そうまでにして守らねばならなかったのか」
ぼくはそれを耳にしたとき「フハッ」と空しい嘆息《ためいき》みたいな言葉が出るだけだった。
あの場所をそうまでにして……、なんという空しい言葉だろう、死人（戦死者）に口はない。ぼくは戦記物をかくとわけのわからない怒りがこみ上げてきて仕方がない。多分戦死者の霊がそうさせるのではないかと思う。

一九九一年八月

（水木しげる「あとがき　あの場所をそうまでにして……」『総員玉砕せよ！』）

こんなふうに藤田嗣治と水木しげるを、美術と漫画をいっしょに論じることに納得がいかない読者がいるかもしれない。しかし、はじめにお断りしたとおり、わたしは「ゆるい男」なのだ。水木しげるは終戦七十年があと少しで終わろうとする二〇一五年十一月三十日に亡くなった。ゲゲゲの女房布枝さんによれば、棺には『総員玉砕せよ！』が納められたという。

被爆者の下半身

血とあぶら汗と淋巴《リンパ》液とにまみれた四肢《しし》をばたつかせ
糸のように塞《ふさ》いだ眼をしろく光らせ
あおぶくれた腹にわずかに下着のゴム紐だけをとどめ
恥《はずか》しいところさえはじることをできなくさせられたあなたたちが
ああみんなさきほどまでは愛らしい
女学生だったことを
たれがほんとうと思えよう

峠三吉『原爆詩集』(岩波文庫)より「仮繃帯所にて」第二節

戦争が終わると間もなく、画家赤松俊子(後の丸木俊)は一枚の裸体画を描き、第一回前衛美術展(東京都美術館、一九四七年)に出品した。画面の片隅に「1947・5・17 俊/解放され行く人間性」という書き入れがあることから、今は《裸婦(解放されゆく人間性)》(個人蔵)[次頁]と呼ばれているこの絵を、わたしは兵庫県立美術館で開催された「1945年±5年」展(二〇一六年)で初めて見た。

同展図録の作品解説で出原均が指摘しているとおり、藤の花を背景に立つ裸婦は楽園のイブを思わせる。咲き誇る花々とは対照的に、暗い画面右側に下がるねじれた太い蔓がヘビに見えるか

赤松俊子《裸婦（解放されゆく人間性）》
1947年　個人蔵

らだ。女は別の蔓を右手にしっかりと握っている。ヘビの誘いに乗って禁断の樹の実に手を伸ばしたことを暗示しているかのようだ。旧約聖書によればこれが原罪であるが、そのことによってはじめて、イブはアダムとともにいつかは死ぬべき人間となった。楽園を追放されることは、人間として解放されたことでもある。

一九四七年という時期の裸体像はまた、男女を問わず戦争からの解放を意味していた。軍人像の退場と裸体像の登場は表裏一体、回り舞台だったということは前著『股間若衆』の話題だ。裸体像は、戦後復興を見据える未来像であるばかりでなく、戦死者のための慰霊像という役割も担った。学徒出陣の死者たちを追悼するためには、本郷新《わだつみのこえ》（東京大学構内に設置されず立命館大学に引き取られた）や朝倉文夫《平和来》（慶應義塾大学構内に設置）がそうであるように、軍服を脱ぎ捨てた裸体像がふさわしかった［同書62、63頁］。人間の原点に立ち返らせたいという思いが裸体像の作者たちにはある。

俊子の描いた裸婦は前者、つまり過去を振り返るのではなく、未来をしっかりと見据えた人間像であるだろう。そのために裸体を必要とした。しかし、それは黒田清輝以来のルール、「東京朝日新聞」にいう「油画原則」［本書72頁］、漱石のいう「頓珍漢な一種の約束」［64頁］にしたがった裸体像であった。

そのころ、俊子は丸木位里とともに東京都豊島区の長崎アトリエ村「桜ヶ丘パルテノン」に暮らし、自宅で早朝デッサン会を開いていた。参加者は順番に裸体モデルを務めた。一九四八年七月、ふたりが神奈川県藤沢市の片瀬目白山に転居したあとも、デッサン会は続いた。しかし、ある時、戦争で恋人を亡くしたひとりのモデルの暗さに気づいた。そして、明るい日本人を描くためには、この暗さを分ってもらわねばならないと考えた。「暗い悲しい日本の姿、それは原爆、あの広島の姿ではないでしょうか。これを描かねば、と、思い立ったのは、原爆が落されてから三年もたっていた日の雨の降る夏の夜のことでした」（丸木俊子『生々流転』実業之日本社、一九五八年）。

それからふたりの《原爆の図》制作が始まる。位里は広島の生まれだった。原爆投下の報に接するとすぐに、両親の住む広島に駆けつけた。俊子もあとを追って、八月二十日ごろには広島に入った。たくさんの屍とたくさんの被爆者を見た。俊子は焼け野原の風景や倒壊した建物をスケッチしたが、被爆者を描いたものは一枚もないという（岡村幸宣『《原爆の図》全国巡回』新宿書房、二〇一五年）。ひと月ほど滞在して、ふたりは東京に戻った。

広島での経験を思い起こしながら描いた第一作は《八月六日》と題され、一九五〇年二月に第三回日本アンデパンダン展（東京都美術館）で公開された。のちに《原爆の図　第一部　幽霊》と呼ばれることになる縦一・八メートル、横七・二メートルの大作である。焼けただれ、あてもなくさまよう被爆者たちの無惨な姿が描き出された。

《幽霊》も、わたしは「1945年±5年」展会場の最後の部屋で目にした。画面中央のふたりの若い女性像はひときわ目を引く。生きたまま幽霊と化した群像を背景に、まるで主人公のよう

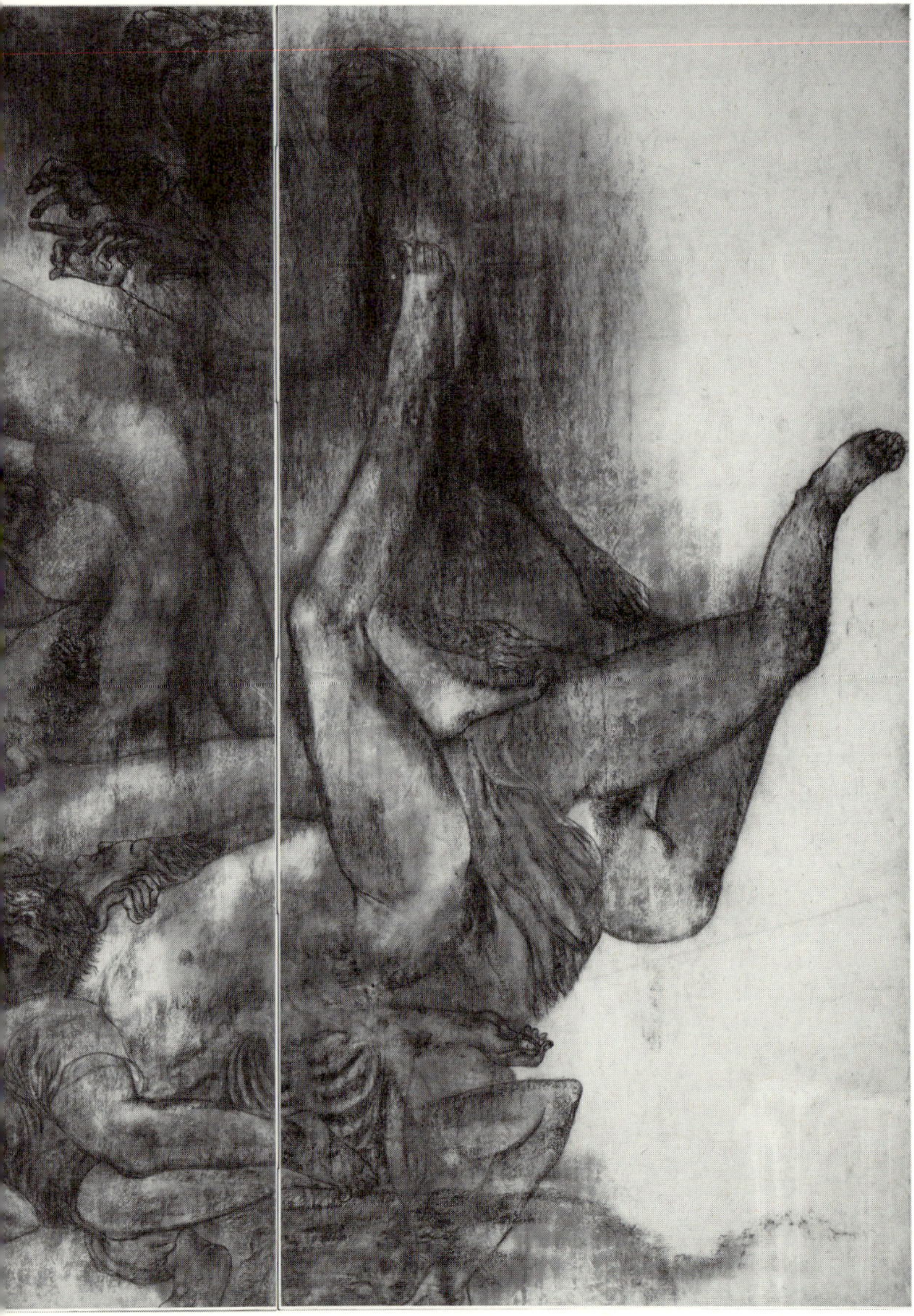

丸木位里・俊《原爆の図　第一部　幽霊》 四曲一双の右隻、右から三扇部分
1950年　原爆の図 丸木美術館蔵

にふたりは向き合い、お互いの変わり果てた姿を見つめ合っている。右の女の肌は白く、ひとり無傷に見えるが、近づけば顔と右手は焼けただれ、唇はふくれあがっている。左の女は全身を焼かれ、峠三吉のいうとおり、先ほどまでは「愛らしい女学生だった」とはとうてい思えない。

被爆者の行列は右へ右へと歩んでいる。ふらつきながら、ゆっくりゆっくりと。その先頭に逆さまになった女がいる。そのあたりは折り重なって横たわり、すでに死んでいるのかもしれない［前見開き］。また、行列の終わりには、両腕の皮膚を垂らした妊婦がかろうじて立っている。まさしく「あおぶくれた腹にわずかに下着のゴム紐だけをとどめ」ただけだ。

この妊婦は俊が自らモデルとなった。「わたしは裸になって鏡の前に立ち、手を半ばあげて、当時のひろしまの人の姿になってみました。腰に巻いた布は破れ、ふくれあがった顔から手から皮がたれさがっている像なのです。—わたしのこの腹の中には生れ出る魂がある、母と一緒に絶えていった生命。わたしは子供を生んだことがないのです。けれど母の心が今、わかるように思えます」（丸木俊『幽霊—原爆の図世界巡礼』朝日新聞社、一九七二年）。

その姿を位里が下図に描き、俊が上から加筆した。それに位里が墨をかぶせ、俊が線を強調して肉づけをする様子は「共同制作というよりむしろ共闘制作」だったと、近くで見ていたヨシダ・ヨシエが語っている（『丸木位里・俊の時空—絵画としての『原爆の図』』青木書店、一九九六年）。

これら画面両端の女の姿を間近に見て、ふたりの股間には陰毛が描かれていることに気がついた。右の女はさらに性器らしきものも表現されている。考えてみれば当たり前の話だ。被爆者を黒田清輝以来の約束事に従って描くことなどできるはずがない。被爆者は原爆の閃光と熱線と旋風とによって、衣服を引き裂かれ、焼かれて裸にされたのだから、その裸が美しいヌードであるはずがない。被爆の現実を描こうとするのであれば、股間だけを奇麗事で済ますわけにはいかなかった。

《幽霊》には男の姿もある。少なくとも三人の男の股間には正しく性器が描かれている。そして、このことは印刷物の図版ではなかなか判読できない。実物と向き合わなければわからない。じっと見ているうちに、人間を描こうとした位里と俊の強い意思が伝わってくる。

しかし、《原爆の図》の評価は芳しくなかった。岡村幸宣は「《原爆の図》が、まず、裸体表現を『エロチック』、原爆の惨状の描写は『グロテスク』と批判され、『一つの見世物』と評されたことは記憶しておきたい」と指摘する。そして、その証拠として、『美術運動』第十号（一九五〇年三月十日）に載った「合評会　第三回日本アンデパンダン展総評」から、嘉門安雄、岡本唐貴、林文雄、大塚睦らの発言を挙げる（前掲『《原爆の図》全国巡回』）。ここでは画家岡本の発言だけを引用しておこう。

テーマは非常にいいと思う。思想的に勇敢なところがある。日本人にとつては厳粛な事実であるテーマととっくんでいるがエロチックなものになって題材をけがしている。

「1945年±5年」展は広島市現代美術館へと巡回した。わたしはそこでも展覧会を見る機会を得たが、同じ《幽霊》を見ることはできなかった。なぜなら広島では、同館所蔵の「再制作」が展示されていたからだ。《幽霊》に限らず、《原爆の図》には「再制作」と呼ばれるものがある。この成立事情は複雑だ。《原爆の図》が全国各地を巡回する中で、高まる「原爆展」開催の要望に応じきれずに模写がもう一セット必要になった。そこには位里・俊以外の手も加わっている。しかし、模写された《原爆の図》は模写であることを断らないまま一九五二年に公開された。

やがてそれが問題になると、丸木夫妻は「再制作」を「門外不出」とした（前掲『幽霊―原爆の図世界巡礼』）。およそ二十年後、一九七四年の丸木美術館栃木館開館時に、「再制作」は夫妻によって加筆されたうえで再び公開された。それが一九九六年に広島市現代美術館に寄贈されたのだった。これはわたしの記憶にかろうじて残った印象にすぎないが、「再制作」では股間表現に後退が見られるような気がした。

もちろん、俊はすべての股間を赤裸々に描いたわけではない。何人もの裸体を背後から描いているし、小さな布切れによってうまく股間だけが隠されている場面もある。随所に、洋画家としての配慮が働いている。

近所の可愛い三人姉妹をモデルに使いながら、絵の中の少女には丹念に傷を描き込み、醜い姿に変えていく制作を続けるうちに、俊はこんな気持ちになった。「かわいそうなその少女の姿にさえ、嫌悪の情を覚えるのです。これでは絵にならない。わたしは、あまりひどい傷をつけるのをやめました」（前掲『幽霊―原爆の図世界巡礼』）。したがって、配慮とは裸体画のルールにしたがったというだけではなく、死者に対するものでもあった。

それでも、《原爆の図》がこれまでの裸体画の約束事を突き破ったことは間違いない。ひるがえって、「両股相接する体勢を顕はし、陰毛を描かず」（「油画原則」）、日本の画家が連綿と表現してきたあの裸の女たちはいったいどこの誰だったのだろうかと思う。

春画ワ印論

河鍋暁斎《笑絵三幅対》　左幅
1871～89年
Israel Goldman Collection, London
協力＝立命館大学アート・リサーチセンター

春画のある風景

イオニア式円柱の陰で

大英博物館の正面玄関にはギリシャ神殿を思わせる巨大な円柱が前後合わせて十六本も並び、その前に立つ者を圧倒する［左頁上］。人類の博物館へようこそ、世界各地からよくぞお越しくださいました、と語りかけてくるようだ。遠路はるばるやってきたさまざまな国のひとたちが、列柱の奥へとつぎつぎに吸い込まれてゆく。

その柱の陰では、人目をはばからず、日本の男女が目を閉じ、唇を重ねている［同下］。ふたりとも髷《まげ》をきれいに結い、さらに女は櫛と笄《こうがい》で飾り立てる。髪に乱れはなく、ふたりの時間はまだ始まったばかりだ。これを年が明けるまで続けるらしい。

建物に入る前に、列柱の上を見上げよう。太い梁の上に載った三角形の破風には、この建物が建てられた一八五〇年代当時の大英博物館のメッセージが群像彫刻というかたちで示されている。題して《文明の進歩 The Progress of Civilisation》、彫刻家リチャード・ウェストマコット Richard Westmacott の手になるものだ。

岩から生まれたばかりの無知な男の姿が左端にあり、それが知識の灯を差し伸べる天使の導きによって、農耕や牧畜を覚える。するとさらに男の知識は増し、建築と彫刻、絵画と科学、幾何学と演劇、音楽と詩などを身につけて、右端に至ってとうとう動物や野蛮人らしきもののうごめく世界を支配することが可能となった。彫刻の下を抜けて、一歩この建物に足を踏み入れるならば、みなさんはこうした知識を身につけることができると言いたいのだろう。

　さて問題は、すぐその下で唇を重ねる男女は、この破風彫刻が示す進歩のいったいどの段階に位置しているかである。右端のゾウの足元か、それとも中央すぐ左のパレットを手にして立つ女性像の足元か。そんなことを考えてみたくなったのは、実は建物に入る前ではなく、中で開かれている「春画—日本美術における性とたのしみ Shunga: sex and pleasure in Japanese art」展（二〇一三〜一四年）を見終わり、再び外へ出てきた時のことだった。

　会場で目にしたふたりは唇を重ねているだけではなかった。画面の右へ向かって裸の身体を長

大英博物館の正面玄関とShunga展の看板。
唇を重ねる男女は、鳥居清長《袖の巻》より。
撮影＝広瀬達郎／新潮社（2点とも）

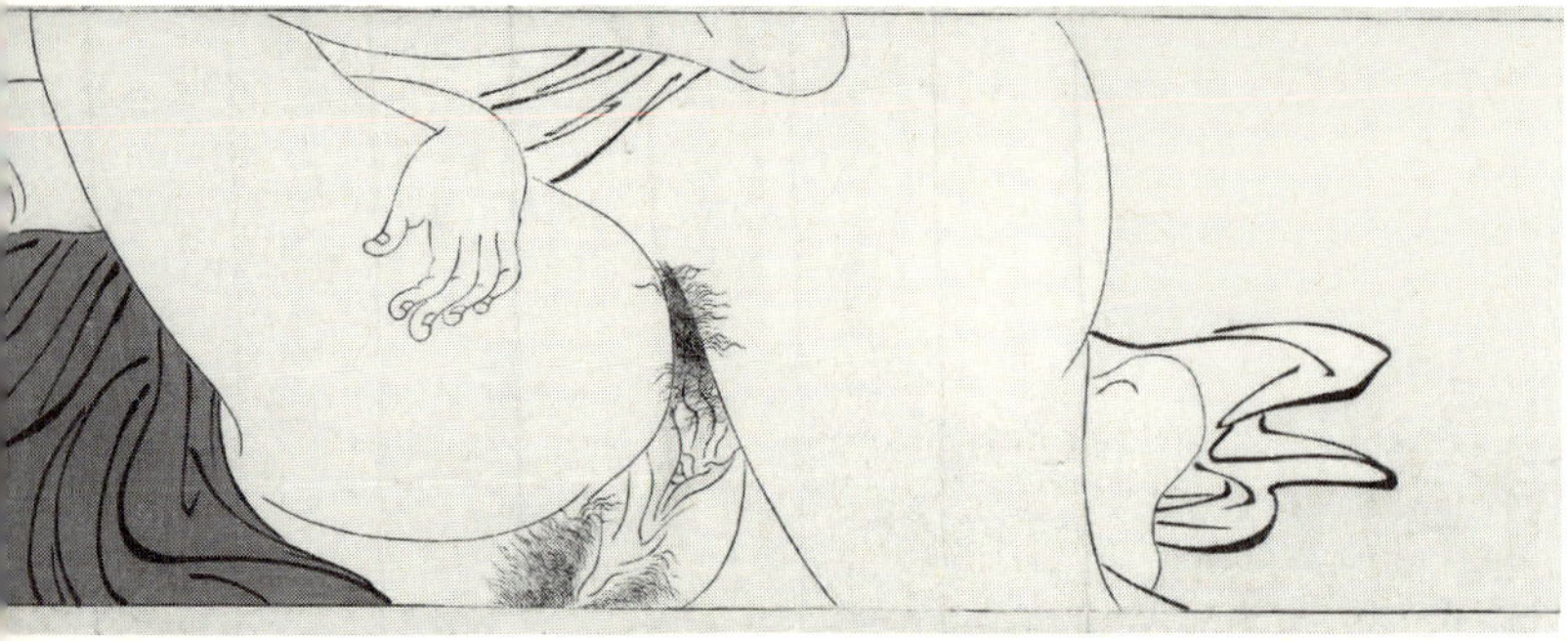

く横たえ、下半身はひとつにつながっていた［上］。

遊女のスキル

玄関を入ってすぐ右手の小さな部屋で、飛び地のように、春画展の連動企画が始まる。「遊郭の女達・玉屋図屏風」と日本語でも示された展示室は入場無料、それゆえに子どもも目にするという理由から、ここに春画を展示することは避け、新吉原の妓楼玉屋の室内を描いた《玉屋張見世図屏風》［左頁下］ただ一隻が展示されている。遊郭とそこで働く女たちに関する丁寧な説明を読みながら、江戸へと導かれる趣向だ。

しかし、夏前に、大英博物館のマクレガー館長が記者発表を開いた時にはどうなることかと思ったものだ。その時示された絵はたったの二点、玉屋図屏風（どう考えても春画ではない）と北斎の海女とタコがからむ絵（正しくは春本『喜能会之故真通《きのえのこまつ》』一八一四年のなかの一図）［130頁］だけだったからだ。しかも館長は、玉屋の遊女たちが身につけたスキルをみなさんは展覧会で見ることができる、ただし十六歳以上に限る、だなんて宣ったのだ。

それが大いなる誤解であることは、近年の春画研究が明らかにしてきた。春画には、遊女の世界よりもむしろ庶民の日常的な性の光

鳥居清長《袖の巻》 第10図 天明5年（1785）頃 ©The Trustees of the British Museum.

景を描いたものがはるかに多いこと、そこには老いも若きも登場し、男女のみならず、男と男（いわゆる男色）、女と女、動物と動物（猫や鼠のカップル）さえも描かれていること、それらは落語や川柳に通じるほのぼのとした、あるいは馬鹿馬鹿しい笑いに包まれた世界であること、そして、上は大名から下は庶民までが楽しみ、女もまたよき読者であったこと、表向きは禁書であったがその普及に貸本屋が大いに貢献したことなど。

春画は決して遊郭のような隔離された世界を描いたものではなかった。むしろ、どこにでもいる人間の姿を、赤裸々に、深くとらえたものであると。

したがって、玉屋図屏風は、春画の世界への誤った道しるべとなりかねないが、実は、それをいったんは忘れてしまうほどに大英博物館は大きく、春画展本会場までの道のりは遠い。ひとであふれかえった中庭を通り抜け、階段をいくつも上って、博物館の深奥部へと足を運ばねばならない。

ようやくたどりついた第九十・九十一室が春画展の会場である。入口脇に、こんな注意書きがあった。

「この展覧会は性的にあからさまな情報とイメージを含んでおり、入場者の気分を害するかもしれませ

伝歌川豊春《玉屋張見世図屏風》
江戸時代（1780年代初頭）
©The Trustees of the British Museum.

ん。十六歳未満の方には、保護者同伴を勧めます」。

記者発表で館長が十六歳以上に限ると宣ったのはこのことだが、さっそく翌日の新聞は、十六歳未満は大人といっしょでなければ入れず、十四歳未満の子どもを連れた親には、入場前に展示内容を示唆すると報じた（The Times 六月二十六日付）。いざ開幕してみれば、規制はあくまでもアドバイスであって、ずいぶんとゆるやかになっている。同じ二〇一三年に二度にわたって「十八歳未満の入場をお断りしています」（会田誠展とLOVE展の一部展示に対して）と観覧を制限した東京六本木の森美術館に比べれば、対応ははるかにゆるい。あるいは大人の対応というべきか。

春画とは？

会場に足を踏み入れたとたん、「春画とは？ What is shunga?」という問いを突きつけられる。そうだよ、それを知りたかった。この展覧会が、春画はすでに英語になっているという理由で、Spring pictures 展ではなく Shunga 展を名乗るのはよいとして（レストランに入れば春巻は spring roll なのに）、では春画を英語で説明するとどうなるのかを知りたかったのだ。

答えは最初のパネルに書いてあった。すなわち、「性をあからさまに表現した美術作品 sexually explicit artworks」であり、「性の美術 sex art」であると。先の年齢制限に関する注意書きでも、「あからさま」と訳した explicit がここでも使われている。また、大英博物館のウェブサイトでは、「あからさまで、美しく詳細に表現されたエロティックな絵画、版画、本」と説明する。ちなみに、OED（オックスフォード英語辞典）は、shunga を「日本のエロティックアートの一種、ポルノグラフィックな性質を有する絵画または版画」と説明し、英語における初出を一九六四年としている。

近世の日本は儒教社会だったが、それは表向きの話にすぎない。日本人にとって性は生殖と男女和合の源泉であり、それが罪深いという感覚は希薄だった。多くの浮世絵師が春画に取り組んだ。優しくて、愉快で、美しい春画が生まれた。一方には、搾取に走る巨大な性産業が成立していた。もちろん、そこはパラダイスなどではなかった。むしろ、春画はあらゆるひとびとに性のよろこびを伝えようとするものだった。質量ともに、世界でもユニークな文化である。展覧会は、それが「アート」なのか「ポルノグラフィー」なのかと硬直してとらえがちな西洋人に再考を迫るだろう。春画の名品を紹介するとともに、そのコンテキストをも明らかにする。最初のパネルでは、ざっとこんな説明が続いた。

展覧会は、大英博物館とロンドン大学の研究者に日本から国際日本文化研究センターと立命館大学アート・リサーチセンターの研究者が加わってチームを組み、四年の準備を経て実現した。春画の実像に迫ろうとした日英共同研究の成果であり、それゆえ、会場ではコンテキストに関する説明が丁寧になされている。

研究チームが訴えたことは実に簡単な、しかしいざとなると難しいことだった。絵ばかりでなく、言葉も読めと。おそらく、これが洋の東西を問わず、現代人の春画体験に一番欠けていることだろう。

先の記者発表で、北斎の海女とタコで代表させたのは、それがヨーロッパでもっとも有名な春画だからだ。彼の地のひとびとには、人と動物のからみ合い（獣姦？）が衝撃的であるに違いないと考え、私もまた、よりによってこの絵で春画を代表させるなんてどうかしていると思ったものだ。

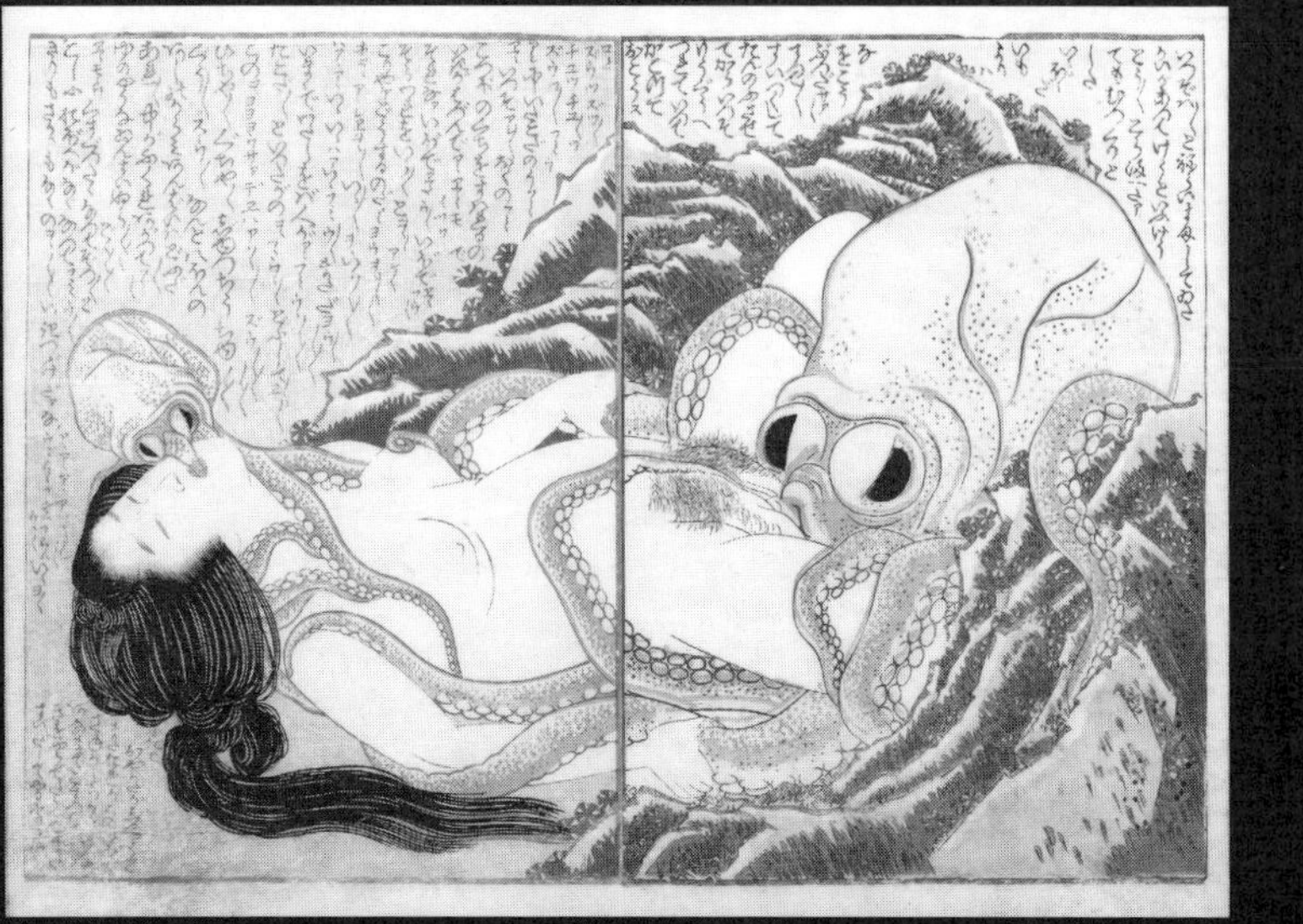

葛飾北斎『喜能会之故真通』より。文化11年（1814）　国際日本文化研究センター蔵

たこ「いつぞハ〳〵とねら《狙》いすましてゐたかい《甲斐》があつて、けう《今日》といふけう、とう〳〵とら《捕》まへたア。てもむつくりとしたいヽぼヽだ。いも《芋》よりハなをこうぶつ《好物》だ、サア〳〵、す《吸》つて〳〵すいつくしてたんの《堪能》うのふさせてから、いつそりうぐう《竜宮》へつれていつて、かこ《囲》つておこうス」

口ニテ、ズウツズツ〳〵、チユツチユ〳〵ツ、ズウツ〳〵フヽヽウ。

女「アレ、にく《憎》いたこだのう、フヽヽ。ヱヽ、いつそ、アレ〳〵おく《奥》の、フヽヽ、こつぼ《子宮》のくち《口》をすは《吸》れるので、いき《息》がはづんで、アヽヱヽヽ、モ、イツク。それなアいぼ《イボ》でヱヽフウ〳〵、いぼで　ヱヽフウ〳〵、そらワ《空割》れ（女陰）をいら〳〵とヲヽ〳〵、アレ〳〵、こりやアどうするのだアヽ、ヨウ、ヲヽ〳〵。ホヲヽアヽレヱ、ヲヽ〳〵、いヽ〳〵、ヲヽいヽ〳〵〳〵、ハアヽアヽ、いヽいヽ、ハアいヽ、フヽヽウ〳〵、まただヨウ〳〵〳〵、いまヽでわたしをバ、人がアヽフヽヽウヽ〳〵、たこだ〳〵といつ《言》たがの、ヲヽ、フヽウヽ〳〵どふしてヱ〳〵〳〵　このヲヽ　ヨヨヨウ　サアデヱハ　アヽ〳〵」

ズウ〳〵〳〵、ひちや〳〵ぐちや〳〵、じゆつちうちゆ〳〵〳〵、ぐう〳〵ズウ〳〵。

たこ「なんと八ほんのあし《足》のからミ《絡》あ《按》んば《配》いハどふだ〳〵。あれ〳〵、中がふくれあがつて、アヽ〳〵」

ゆ《湯》のやうなゐんすい《淫水》、ぬら〳〵〳〵、どく〳〵〳〵。

女「ヱヽモウ、くすぐつたくなつて、ぞつ〳〵とこし《腰》におぼへがなくなつて、フヽヽウ〳〵、きりもさかへもなくの　ヲヽ〳〵〳〵、いきつゞけだアなノ、アヽアヽアヽ、アレ〳〵ソレ〳〵、ウヽヽムヽヽ　フン、ムフウムウヽ〳〵、いヽヨ〳〵」

小だこ「おやかた《親方》がしま《仕舞》うと、またおれがこのいぼでさねがしら《実頭》（クリトリス）からけつのあなまで　こすつて〳〵、き《気》をやらせたうへで、またす《吸》いだしてやるにヨ、チウ〳〵」

春画展の直前まで大英博物館で開かれていた「ポンペイとヘルクラネウムの生と死」展では、ヘルクラネウムから出土した《牧神とメスヤギ》（ナポリ国立考古学博物館蔵）が問題となった。牧神は半人半獣なので獣姦度が半減するとはいえ、性器を剝き出しにした両者が絡みあう姿は刺激的で、やはり「このコーナーには性的にあからさまな資料が展示されていますのでご注意ください」と掲示されていた。十八世紀の発掘以来、ナポリの博物館では長く「秘密の部屋 Gabinetto Segreto」に入れられ、なんと二〇〇〇年になってようやく一般に公開されたという。

しかし、海女とタコの背後にびっしりと綴られた言葉を読むと、実は「ズウツズツ、チユツ、ズウツ　フ、、、ウ」「ひちや　ぐちや、じゆつちうちゆ、ぐう　ズウ」といったオノマトペ（擬音語）が氾濫しており、海女はかならずしも二匹のタコに一方的に犯されているわけではない。海女もタコに劣らず饒舌で、その愛撫に応えている。小ダコは大ダコ（親方と呼んでいる）が女の股間から顔を上げて自分の順番が来るのを待っている。タコは女の想像力の産物である。いや、この絵自体が男の想像力の産物である。などと、この絵にはさまざまな解釈が可能だが、それが笑いを誘うものであったことは間違いない。

なるほど、春画は「笑絵」、春本は「笑本」とも呼ばれた。「枕絵」もよく使われた。実は、幕末のヘボンによる『和英語林集成 A Japanese and English Dictionary』（初版一八六七年）では、「春画」も「笑絵」もなく、唯一「枕絵」を立項し、「Makura-ye、マクラヱ、春画、n. Obscene pictures」と説明する。明治二十年代までは、春画摘発を報じる大半の新聞記事が春画に「わらひゑ」とルビを付している。

すると、春画展は本当にShunga展でよかったのかという疑問が湧いてくる。「笑絵展という選択肢もあったのではないか」と、笑いながら企画者のティモシー・クラークに尋ねたところ、

「それならヨーロッパでは誰も見に来ません」とやっぱり笑いながら言われた。

もちろん、現代の日本人も春画を「しゅんが」と読み、「わらいえ」とは絶対に読まない。『芸術新潮』誌での数々の特集も、近年の平凡社や河出書房新社による精力的な出版においても、つねに春画は「しゅんが」である。しかし、われわれが春画という言葉で思い浮かべるものは、本当にかつての春画なのだろうか。

春画は笑絵であったことを伝えようと、研究チームは「日本美術における性とユーモア sex and humour in Japanese art」というサブタイトルを提案した。残念ながら、大英博物館はそれを却下した。マーケティング部門のチームが、shunga と humour を結びつけたら「風刺」を引き寄せ誤解を招く。それでは多くの観客を呼べないと判断したからだ。せめてサブタイトルに「ユーモア」が入っていれば、春画への入口はさらに広がったのではないかと残念だ。

美しく、そして醜い

いくら春画の世界が笑いをともなうとはいえ、それだけではひとの心をとらえない。なるほど、会場内で笑い声を耳にはした。さらに多くの声にならない笑いもあっただろう。

私はむしろ沈黙を強いられた。言葉を失うといったらよいだろうか。

魅せられて、いろいろ思い出して、あきれ果てて、あまりのばかばかしさに、大真面目に取り組んだ絵師や出版者たちに敬意を表してといった、それはいろいろな沈黙だった。

忘れられない一点として、月岡雪鼎《せってい》《四季画巻》を挙げる。展示ケースには、その冬図［左頁］が開かれていた。

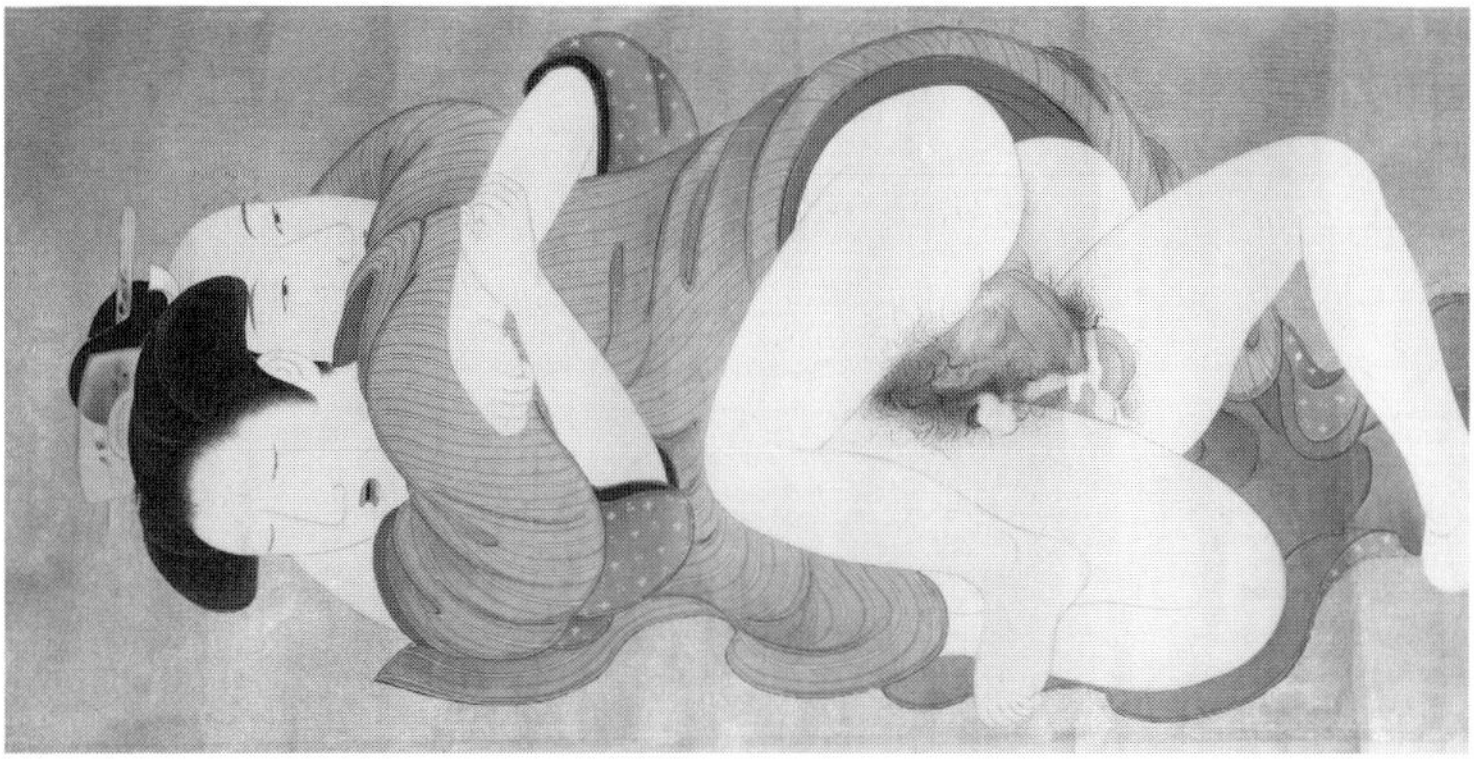

月岡雪鼎《四季画巻》 冬図　明和後期〜安永年間（1767〜78）頃
Michael Fornitz collection, Copenhagen

辻惟雄先生と対談した時に、「美しく、そして醜い。ちょうど人生そのもののように」という言葉を教えてくださった。ヘルシンキで開かれた春画展を訪れたひとりの観客の感想だという。さらに「つくづく自分の股間についているものを見てみると、あんまり美しいとは思えない。しかしそれをぶら下げて生きている現実も思い出させる」とおっしゃった（『週刊読書人』二〇一三年四月十二日号）。

辻先生とは一度いっしょに温泉に入ったことがある。だからではなく、我が身を振り返ってもまったく同感。ここでは explicit な表現を避け、さて何と呼んだらよいだろうか。股間に文字どおりにぶら下がっているあの袋状のものは、しわしわの上にちりちりの毛を生やして、とりわけ直視できない。それこそかぎりなく醜いと思うが、それを正面からこんなふうに美しく描き切る。その上に、役割を終えたばかりの白い精液をきらきらと輝かせる。ふたりの表情以上に、股間が満ち足りている。こんな絵を見せられれば、まさに言葉を失うほかない。

エロチカハンター

会場には、世界中から名品が集められた。それは、サブタイトルに in Japanese art とあるように、春画をあくまでも「アート」としてとらえているからだ。しかし、大英博物館に収蔵された最初の春画は決して美しいものではなかった。

収集第一号となる三冊の立派な革装アルバムが、「春画と近代世界」と題された最後のコーナーに展示されていた。それはエロチカ（erotica、好色本・好色画）の収集家ジョージ・ウィットGeorge Wittのコレクションで、一八六五年に寄贈されるやいなや、そのまま「秘密の部屋Secretum」を大英博物館に設けることにつながった。

二冊のアルバムには春画が貼り交ぜられ、あと一冊はアダム・スコット Adam Scott の一八六四年の日本旅行記［20、22頁］を含む。並べて展示された六本の奉納男根［19頁］は、すでに述べたとおりスコットによって横須賀の吾妻権現社から持ち去られ、ウィットの手に渡ったものである。

まずはプラントハンターならぬエロチカハンターの視野に、横浜を開いたばかりの日本が入ったのである。十三人の女を相手に、絵から飛び出した男がからむ仕掛け絵《肉屏風百婦交》［左頁上］などは、コレクターには垂涎のエロチカであったに違いない。このような代物ではない、もっと繊細で優美な日本美術を春画に求める視線は、時代が下らないと形成されない。

このたびの春画展は、サブタイトルに in Japanese art をうたいながらも、それを超えた春画の背景を、というよりも風景を見せてくれる。その意味では、最後の展示室に明治時代の春画［同下］や、春画になぞらえた写真［同中］が並んだことは画期的である。春画は、写真や映画やビデオ、マンガやアニメに姿を変えながら現代にまで続いているのかと考えさせられるから。

写真はわずか四点しか展示されなかったが、スティルフリードによる女性ヌードを除く三点は、布団の中で絡み合う男女を撮ったもので、明らかに春画を下敷きにしている。では、春画とつながっているのかと考えれば、言葉や物語をいっさい持たないという点で断絶面の方が気になった。

とはいえ、ウィット・コレクションにある幕末の仕掛け絵やおもちゃ絵などと比べれば、どち

ウィット・コレクションの《肉屏風百婦交》は
右端の男が動く仕掛け。江戸末期（1860年代初頭） 作者不詳
©The Trustees of the British Museum. 撮影＝広瀬達郎／新潮社

明治元〜9年（1868〜76）頃撮影の《湖畔の情事》
伝横山松三郎撮影 東京、滝錬太郎氏蔵
大英博物館「Shunga sex and pleasure in Japanese art」展図録より

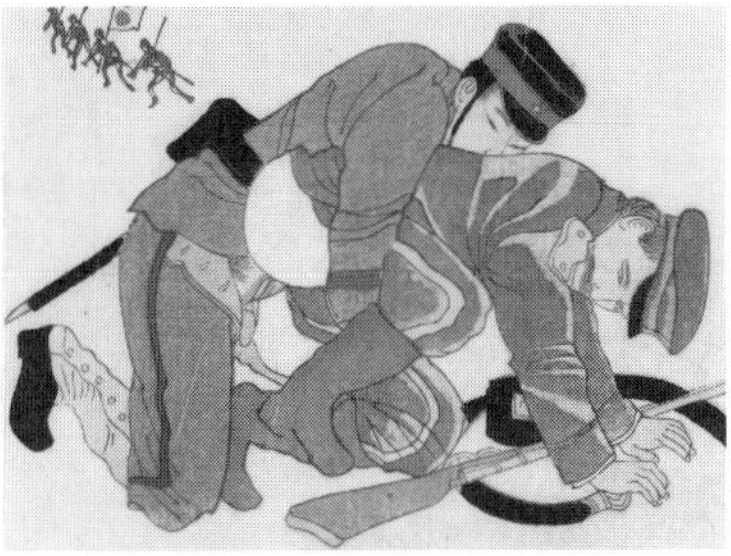

《日露戦争軍人図》1904〜05年 絵師不詳
©The Trustees of the British Museum.

らも性を扱う安直な商品という連続面が見えてくる。春画の読者に向けて開発された新商品と呼んだらよいか。

この春画展では、春画はポルノグラフィーであるという言い方を慎重に避けてきたが、最後の解説にいたって「ポルノグラフィックな写真」という表現が使われていた。春画はポルノか否かという古くて新しい問題が、最後にまた立ち上がってくる。

いくら春画の実像だとはいえ、そこに「日本美術における性とたのしみ」を、あるいは「性とユーモア」を見出そうとする行為は現代人の期待にほかならない。それは自覚したうえで、これからも実像に迫る探求を続けるしかない。

実物が一堂に会する展覧会とは、まさしく探求の場であり、問題を広く共有する場である。大英博物館は春画展の日本巡回を希望しているが、これを書いている時点で、受け入れ先は見つからない。春画と聞いて、どこの美術館も博物館も尻込みをするからだ。春画のすべてが日本で生まれたというのに、里帰りを許さないとは、なんて冷淡で薄情な国だろう。

暁斎の旬の春画を味わう

燕頷巨目《えんがんきょもく》、身大《しんだい》

「画鬼暁斎」展（二〇一五年、三菱一号館美術館）のちらしが、「狂ってたのは、俺か、時代か？」と問いかけてくる。

そんなの決まってるじゃないか。時代だよ。この写真［下］を見ればそれはわかる。

ついこの間まで頭にチョンマゲ結って腰には刀を差していた日本人が、洋服を着て、ネクタイ

この眼光の鋭さを見よ！　晩年の河鍋暁斎
河鍋暁斎記念美術館蔵

洋画家・黒田清輝（2列目中央）と
パリに外遊した仲間たち。1901年パリにて。
東京国立博物館蔵
画像提供=東京文化財研究所

を締めて、シルクハットなんかかぶっちゃって、ステッキまでついて、一番前のやつはとりわけふんぞり返って、椅子からずり落ちそうだ。旧幕時代のお侍もずいぶんと威張っていたものだが、こちらもみんな偉そう。画家・彫刻家・画商だというから呆れ返る。

それに比べれば、暁斎の写真［前頁上］はいいな。このひとのことを、ひとは品がないとか大酒飲みだとかいうけれど、紋付羽織で畏まり、目を爛々と輝かせて端座する姿は、いかにも腹が据わっている。

「燕頷巨目、身大にして検束なきが如し」という人物評がある（飯島虚心『河鍋暁斎翁伝』ぺりかん社、一九八四年）。燕頷とは燕の下あご、勇ましい武者の容貌を指していう。「背の高い人で肩など丸々と極めて肥満し目方はいづれ二十貫以上もあつたであろう」（小山正太郎「明治初年の画壇に於ける異彩」『多都美』一九一五年十月）という証言もある。

暁斎の曾孫河鍋楠美さんは「死相が現れているからこの写真はキライ」とおっしゃる。なるほど病を得てすっかり痩せてはしまったが、それでも全身に気魄が漲る。明治二十二年（一八八九）春、還暦を待たずに亡くなるまで絵筆を捨てず、亡くなった時に注文を受けたままの仕事が三百もあったというから、その人気は東京随一といってもよかった。

そんな暁斎を忘れるほどに時代の方が狂ってしまった、という話からはじめよう。

時は一九〇〇年、所はパリの写真館で撮られた先の写真を見るといつも思う。何もこんなに集まらなくたっていいじゃないか。よほど群れたかったんだな、黒田を中心に。

黒田清輝にとっては二度目のパリだった。七年前、最初の留学を終えて日本に戻る時、卒業制作ともいうべき裸体画を一枚持ち帰った。明治二十八年春に京都で公開されるや、公衆の面前で裸の絵を見せるなんてけしからんと非難を浴びた。それをどこ吹く風とばかり、黒田はパリでともに学んだ久米桂一郎と合田清（写真では黒田を左右からはさんでいる）に宛てた手紙に、「どう考へても裸体画を春画と見做す理屈が何処に有る」と書いた（「蹄の痕」『光風』一九〇五年九月）。

春画は猥褻物であって美術ではない。そのころにはもう誰もがそう考えていた。裸体画の肩を持つ論者はそれが春画の対極にあるとし、裸体画を認めない論者はそれが春画と同類だという。どちらにしても春画には立つ瀬がなかった。

筆禍事件の原因

これは若き暁斎研究者定村来人《こと》さんに教えられたことだが、暁斎を知るための基本文献『暁斎画談』（一八八七年）と先にふれた『河鍋暁斎翁伝』（虚心は一八九七年から執筆、長く稿本のままだった。稿本は国立国会図書館蔵）はそれが書かれた時代を反映しており、額面どおりに受け取ってはいけないという（定村来人「河鍋暁斎の筆禍事件と春画―暁斎評価の変遷との関わりにおいて」『文化資源学』第十三号、二〇一五年）。とりわけ前者は暁斎自身が画を入れ、暁斎と親交のあった戯作者梅亭金鵞《ばいていきんが》こと瓜生政和《うりうまさやす》の筆になるものだが、それでも肝腎なことには口をつぐんだ節がある。

明治三年（一八七〇）秋に暁斎は筆禍事件を起こした。その原因を、『暁斎画談』は「足長島の人物に二人して沓を履せ居る体を画き、又手長島の人物が大仏の鼻毛を抜とる様」を描いたことが「高貴の人を嘲弄」したからだとする。『河鍋暁斎翁伝』はこの説を紹介しながらも、いくら法が不備だった明治初年だからといって、「瑣々たる一狂画」で人を捕らえることがあるだろうか、むしろ雲井龍雄の謀反への連係が疑われたからだという。

なるほど、手長足長の絵で「在獄数十日」に「笞五十の刑」は重過ぎるのではないか。ちょう

どその年の冬に新政府が出した「新律綱領」（刑法の前身）には、「凡《およそ》人ヲ罵ル者ハ、笞一十」という罰が示されている。笞五十はその五倍、笞刑で一番重い。
　それとは異なる説が『暁斎画談』刊行以前からいくつか語られていた。ひとつは「イギリス人やアメリカ人やフランス人が、無礼なパントマイムに専念している」様子を描いた絵（エミール・ギメ著、青木啓輔訳『東京日光散策』雄松堂出版、一九八三年）、あとひとつは「衣冠の人物を外国人が鶏姦なせる所」を描いた絵（『絵入諸芸新報』一八八二年十一月十六日）が筆禍を招いたとする。
　前者には、無礼極まる外国人を前に「鼻をつまんでいる上流階級の人々の身振り」も描かれていた

河鍋暁斎《連理枝比翼巻》は、シタガリヤ国の王子が日本で繰り広げる性の冒険譚。
左端に「開狂人　狂斎画」の落款、その下ではコウモリの羽を生やしたペニスが昇天中。
全4図の第2図　1870年以前
Israel Goldman Collection, London　協力＝立命館大学アート・リサーチセンター

そうだから、あるいは暁斎お得意の「放屁合戦図」かもしれない。後者なら明らかに春画である。鶏姦は男色を意味する。その後も「日本人が外国人と男色を行つて居る所」（今泉雄作「菊池容斎と河鍋暁斎」同好史談会編『漫談明治初年』春陽堂、一九二七年）や《貴顕遇紅毛鶏姦図》（飯塚米雨『日本画の見方』東方書院、一九一五年）など春画説が根強く語り継がれることになる。

近年では、暁斎コレクターとして知られる福富太郎氏が春画説を採り、問題となった春画とは《当世春画絵巻》だと推測した（狩野博幸・河鍋楠美『反骨の画家　河鍋暁斎』新潮社、二〇一〇年）。

箱書きから本来は《連理枝比翼巻》と呼ぶべきこの絵は四図から

成るもので、そのうちの二図が一九九三年から九四年にかけて大英博物館で開かれた暁斎展「Demon of Painting, The Art of Kawanabe Kyosai」に出品された。しかし、その図録の図版は、この絵だけが不思議なぐらい小さくて、目を凝らしても細部がよく見えない。

そこで所蔵者（暁斎の大コレクター、イスラエル・ゴールドマン氏）の許しを得て、ここに大きく紹介することとした［前見開き］。暁斎は筆禍事件を境に雅号を狂斎から暁斎にあらためた。「開狂人　狂斎」とあるから筆禍以前の作である。一方、洋式軍装の男性像だから幕末維新期のまさしく開化風俗が描かれていると言ってよいだろう。ありがたいことに詞書がついている。

舞台は横浜、なるほど洋装の女はまだそのあたりにしかいなかった。主人公は「シタガリヤ国の国王の二男インスキといへる王子」、「弥田良九次郎実好《やたらくじろうさねよし》」を名乗る日本人の導きで性の冒険を重ねるという趣向である。念のために申し添えると、「くじる」は「女陰を男根または手指で『いじりこねまわす』こと」、そして「さね」は「陰核のこと」（笹間良彦編著『好色艶語辞典』雄山閣出版、一九八九年）。来日早々、インスキ氏はよき指南役を得たことになる。

もちろん、豪華摺の錦絵であり、これほど描き込んである以上、書画会での即興画が筆禍を招いた事件とは無関係な作品だろう。しかし、権力を有する人物（背後には銃を肩にかついだ兵士が整列している）をからかい、笑い飛ばす精神はすでにこの絵の中に横溢している。

ひとは自らの地位にふさわしいと考える衣服に身を包もうとする（シルクハットを頭に載せた岡田三郎助君に和田英作君、聞いてるかい！）。暁斎はそれを引っ剝がす。さらに下半身も剝き出しにして容赦がない。すなわち性表現は人間を丸裸にする。ゆえに強い毒を風刺に盛り込む。

さてこのように筆禍事件がヴェールに包まれ、関係者が口をつぐむのであれば、あとは残された春画から考えるほかない。とはいえ、暁斎の春画を見る機会もこれまでにほとんどなかった。

そもそも春画とはおおっぴらに見るものではなかった。展覧会においても春画は肩身が狭い、というよりも体よく外されてきた。

大英博物館展の凱旋帰国展ともいうべき江戸東京博物館の「河鍋暁斎と江戸東京」展（一九九四年）では皆無、京都国立博物館の「絵画の冒険者　暁斎」展（二〇〇八年）ではわずかに下絵が公開されただけだった。

河鍋暁斎《若衆物語》より
全34枚　1870年以前　個人蔵

そのことに気づいたのは、大英博物館の春画展会場を歩いている時だ。五部構成の最後は「春画と近代世界 Shunga and the modern world」、春画に追いつけ追い越せとばかりに普及したポルノ写真や日本軍兵士がロシア軍兵士を犯す戦争物［135頁下］（日露戦争の戦場では、玉除けの力を持つと信じられた春画が大人気だった）などあくどい春画に交じって、ひとり暁斎の春画はユーモアにあふれる。それを目にしたとたんに肩から力が抜けてたいへん健康によろしい。

ネコが男の金玉にネコパンチ！［123頁］こんな世界を写真は決して表現できない。やがて暁斎の存在が忘れられたということは、笑いが美術の世界から排除されたということだ。黒田清輝や岡田三郎助が繰返し女の裸を描いても、そこに笑いを表現しようだなんて思いもよらなかっただろう。

暁斎の春画を見れば、春画の楽しさをたっぷりと味わうことができる。《連理枝比翼巻》のような権力に牙を剝いたどぎつい風刺画よりも、むしろ人間の愚かさや哀しさを感じる戯画の方に暁斎の真骨頂がある。

たとえば《若衆物語》［前頁3点］の若衆、幼いころから励んだ「お医者さんごっこ」の成果か、長ずるほどにモテてモテて仕方がない。どんなに身を隠しても、女がどこまでも追いかけてくる。ついには精根尽き果て、あんなに逞しかったチンチンもぐにゃり、再び起き上がる気配もない。そして帰らぬひととなる。

と思いきや、三途の川を渡ろうとする寸前に奪衣婆に犯されそうになる。必死に抵抗しながらも股間あたりがムクムクと回復してしまうところが何とも哀れだ。

それを目にした地蔵菩薩が若衆を呼び止め、極楽はすぐそこだよ、ボクが案内してあげようとか何とか言って誘い出し、隙を見て突然後ろから押し倒し、犯してしまう。

それを目にした天女が、今度は私の番よとむしゃぶりつき、喰いついたら最後、がっちりくわえて離さない。すでに舞台は地獄から極楽へと移っているはずなのに、これではまるで無間地獄である。という馬鹿馬鹿しいお話。一見して、日本橋大伝馬町の商人勝田五兵衛が若くして死んだ愛娘田鶴の菩提を弔うために暁斎に描かせた《地獄極楽めぐり図》（静嘉堂文庫美術館蔵）を思い起こさせる。さすがにあの世で田鶴に襲いかかる不届き者はいないものの、閻魔大王や阿弥陀如来が盛り場を案内したり大宴会を開いてくれたりと、地獄極楽の住人はあまりに人間臭い（？）のだ。

いずれも荒唐無稽、非現実的、あまりにシュール、この世の話ではありえない。しかし、どこか身につまされる。《僧侶のばかされ》［下］で、夢中になってお地蔵さんにしがみついている坊主は「俺か？」、とついニンマリしてしまうのだ。

《若衆物語》は狂斎、《僧侶のばかされ》は暁斎、明治三年の筆禍事件を経てもその絵筆の冴えは変わらない。いや、筆はいっそう冴えわたり、人気はますます高まった。その旬の春画を味わいたい。

河鍋暁斎《僧侶のばかされ》より
全2巻の第2巻部分　1876〜81年　個人蔵

春画と明治日本

明治四十年代の春画

入獄四回・通算四年、罰金・発禁二十九回、反骨のジャーナリストとして知られる宮武外骨《みやたけがいこつ》が浮世絵研究雑誌『此花《このはな》』を創刊したのは明治四十三年（一九一〇）正月のことだった。この時外骨は四十四歳、刊行を思い立った事情を創刊号（雑誌名にちなんで第一号ではなく第一枝と呼ぶ）巻頭に「此花の咲きし理由」と題し明記している。

それによれば、ある時、外骨は東京の古本屋で浮世絵が高値で売買されていることに驚く。鳥文斎栄之《ちょうぶんさいえいし》の絵に二百円の値がついていたからだ。店主によれば二百円などは安い方で、喜多川歌麿の描いた鮑捕りの図三枚物は外国人相場が千五百円、以前は三枚が高々二、三十銭位のものだったのに、今は一枚も出なくなりましたという。

外骨は考えた。「外国人だつて馬鹿者ばかりぢやあるまい」。これほど高値で買い取るのは一時の流行ではないだろう。彼らが買い始めたのは明治二十年頃のことであって、それからまだほんの二十年しか経っていない。それなのに、各国の博物館にはすでに日本の浮世絵が数多く陳列されているという。「本元《ほんもと》の我国で冷眼視するのは、抑《そもそ》も何故であるか」。この思いが出発点となった。

大阪に戻った外骨は、今度は京都に外国人相手の本屋を訪れる。北斎の研究書を求めたところ、英仏独の原書が七、八冊も示されて、またまた驚き呆れてしまう。なぜなら、日本には『葛飾北斎伝』という本がわずか一冊あるのみだったからだ。かくして、「日本の浮世絵を外人の研究にのみ委《まか》して置くのは、位置顚倒の甚だしき事である、これは是非とも我々が大いに研究して見ねばならぬ」と結論づける。

外骨は行動の人であるから、決断すればあとは早い。大阪江戸堀南通四丁目十番の自邸を「雅俗文庫」と名づけ、浮世絵を買い漁った。さらに『浮世絵鑑』と題した復刻版シリーズ『菱川師宣画譜』(明治四十二年)、『奥村政信画譜』(同四十三年)、『西川祐信画譜』(同四十四年)を立て続けに出版した。その後も月岡雪鼎、鈴木春信、勝川春章、北尾重政、鳥居清長、喜多川歌麿、歌川豊国、葛飾北斎、大蘇芳年らの画譜全十二巻の刊行を企てたが、残念ながら三巻しか実現しなかった。

このように外骨の念頭にあったものはあくまでも浮世絵研究であり、春画研究ではない。しかし、『此花』は発行されるや忽ち風俗壊乱を理由に発売頒布の禁止命令を受ける。「独逸出版の日本美術書」という記事と付録『裸体画苑』が問題視されたのではないかと外骨は推測した(「嵐後の添花」『此花』第二枝)。

前者記事では、ドイツ語原著は春画の詞書「もしへ、あれ、人がまいります」を日本語のまま載せても読者にはわからないことを指摘し、それをわざわざ書き起こして師宣の絵を添えた。横臥する若衆が座る女に手を差し伸ばすだけの穏当な絵である。一方、後者付録には、鈴木春信《田家》(『絵本千代の松』)、歌川国貞《懲戒》(『新編金瓶梅』)、西川祐信《入浴》(『玉かつら』)、歌川豊国《妖狐》(『嫁入桐長持』)、橋本周延《妊婦》(『懐妊写真鏡』)、山本松谷《洪水》(『風俗画報』)の六図を入れただけで、男女の交合図は含まれない。

それにもかかわらず、明治四十三年一月二十六日、外骨は一審で新聞紙法違反による罰金三十円の有罪判決を受けた。判決を読む限り、判事は詞書の再録を咎めたのであって『裸体画苑』を問題にはしていない。外骨は直ちに控訴、同年二月二十五日、逆転無罪となった（「此花史の材料」『此花』凋落号）。

たびたび発禁処分を経験してきた外骨であれば、春画を図版掲載すれば発禁になることは重々承知だった。『此花』誌上でもそれほど多く春画を論じてはいない。むしろ、外骨の春画観は『裸体画苑』のつぎの序文に示されている。

西洋画家が曲線美と号して不自然なるキワドキ個所を描くは、究竟するに卑怯なる肉感挑発的の手段にして所謂夷狄の蛮風に過ぎざるなり。されば、彼を愛するは寧ろ淫画の露骨的なる所を愛するに若かず。若し彼を美術の神聖と称すべくんば、淫画は玄の又玄たるものと云はざるを得ざるべし。我輩之を採らず。

日本浮世絵師の描く所にして公然発刊せしものには、未だ彼の如き醜陋なるものを見ず。これ我輩が日本精華の一として茲に之を蒐集する所以なり。

明治四十二年十二月吉日

必ずしも「淫画」は「春画」の謂いではない。しかし、後段で「公然発刊せしもの」を春画以外の浮世絵だと語っているのだとすれば、前段の「淫画」は「春画」を指すことになる。そうであれば、外骨の春画に対する評価は低い。

とはいえ、「錦絵と春画」（『此花』第二十枝）と題した記事では、高鋭一編『日本製品図説』（内務省、明治十年）の「春画《わらひゑ》情本《ちうほん》の如きは、その情色《こゝろといろ》の閃艶《あてやか》なること、大に淫心《あだしごゝろ》を動かして堪へざらしむる者ある」を引き合いに出して、春画が人心をがっちりとつかんだ（外骨にいわせれば「弱点に投合した」）がゆえに「真面目の錦絵が大に発達した」とし、春画の存在意義を認めている。

春画は浮世絵の一部であり、春画を外して浮世絵を論じようとは考えない。すでに明治三十二年（一八九九）に、滞在先（実は借金からの逃亡先）の台北で、『花柳粋誌』第一号（同年十月）に乞われて「春画物語」を寄稿していた。「古今内外を問はず、何れの国に於ても、其社会の裏面に流行せざるの時なし」と述べ、春画の考証や議論の公表に意義を見出していた。さらに、「春画好色本といへば、大人君子は是に手を触るゝも潔からずとするが如き外観あるも、其実は然らず、昔は至尊も御覧あらせられ」とも書いて天皇に対するタブーを恐れず、当然のことながら不敬であるとの非難を浴びるあたりは外骨ならではだ（吉野孝雄『宮武外骨伝』河出文庫より引用）。

それ以上に『裸体画苑』の序文の面白さは、外骨が西洋伝来の裸体画であるヌードをまったく認めなかった点にある。明治四十三年正月の時点で、文部省美術展覧会（文展）はすでに三回開かれていた。第一回展、第二回展には数点は出品された裸体画が、第三回展ではすっかり影を潜めてしまった。前年の第二回展審査会席上で行われた小松原英太郎文部大臣のつぎの演説が示すように、文展が回を重ねるごとに、官憲は裸体画に厳しく目を光らせていたからだ。

裸体画に関しては、其高尚なるものは仮令身体を露出するものと雖も陳列するに支障なしと雖も、近時風俗を壊乱する文章図画の発行益々多く、淫靡の風漸く青年子女の間に浸透せんとする傾向あるは、教育上深く憂慮に堪えざる処なるが、美術家たる者努めて高尚健全なる美術的嗜好を増進せんことを期すべし

（「読売新聞」明治四十一年［一九〇八］十月九日）

このように裸体画に高尚なものと淫靡なものとを見分ける発想は、浮世絵の評価でも見られた。いや、浮世絵における二分法が先に出来上がり、それが西洋伝来の裸体画にも適用されたと考えるべきだろう。明治前期における法制度の整備は春画を猥褻物として真っ先に社会から切り捨てたからだ。

『此花』は明治四十五年(一九一二)七月に凋落号(第二十二枝に当る)を出して廃刊となった。三年後の大正四年(一九一五)六月に酒井好古堂が『浮世絵』を創刊したが、同九年九月まで続いて五十五号に達したこの雑誌は見事なまでに春画を視野から外した。したがって、浮世絵研究の中に春画を位置づけようとする外骨の姿勢がひとり際立っている。

明治二十年代の春画評価

京都の本屋で外骨がとっさに思い浮かべた浮世絵研究書とは飯島虚心の『葛飾北斎伝』(蓬枢閣、明治二十六年)である。現在は岩波文庫に入っており、鈴木重三の懇切丁寧な解説付きで読むことができる。

飯島虚心にはほぼ同時に同じ蓬枢閣から出版された『浮世絵師便覧』(同年)があるが、生前に刊行された浮世絵研究書はこの二冊のみだった。『浮世絵師歌川列伝』と『河鍋暁斎翁伝』は稿本のまま残され、前者は昭和十六年に畝傍書房から、後者は同五十九年になってようやくぺりかん社から刊行された。

一方、虚心が持ち込んだ原稿を受入れ上梓した蓬枢閣の小林半七は、日本で浮世絵が顧みられない現状を早くから嘆く浮世絵商だった。『葛飾北斎伝』刊行の前年明治二十五年に、自ら主催し浮世絵展を上野松源楼に開いた。目録『浮世絵展覧会品目』も出版し、すでに十四年前からパリで活動していた画商林忠正がそこに序文を寄せた（木々康子編『林忠正宛書簡・資料集』信山社出版、平成十五年所収）。

さらに下って、明治三十年には上野公園日本美術協会で、翌三十一年には上野新坂伊香保温泉楼でそれぞれ浮世絵展を開催した。前者は小林の「諸言」に続いて絵師の名前と画題を羅列した『浮世絵歴史展覧会品目』を出版しただけだったが、後者では二百四十一点に及ぶ出品浮世絵の品評をアーネスト・フェノロサに依頼し、それを『浮世絵展覧会目録』（蓬枢閣、明治三十一年）として刊行した。

小林は『葛飾北斎伝』に寄せた「附言」で、展覧会開催への思いをこんなふうに語っている。

> 本邦固有ノ美術タル浮世絵ハ、一種特別ノ風致ヲ有シテ大ニ賞翫スベキモノナルコトハ、漸ク欧米人ノ知ル所トナリ、仏国ノ如キハ、浮世絵ノ為メ西暦千八百九十年ヲ以テ官立美術院ニ於テ一大展覧会ヲ開クニ至レリ。然ルニ浮世絵ノ本国タル日本ニ於テハ、反ツテ世人ノ賞翫其展覧会ヲ開クノ広大ニ至ラザルハ、余ノ深ク慨歎ニ堪ヘザル所ナリ（後略）

こうした小林半七の精力的な活動を宮武外骨は評価し、やはり小林が明治四十三年（一九一〇）に東京木挽町万安楼にて開催した「古代浮世絵展覧会」を『此花』誌上（第五枝）で紹介した。もっとも、外骨は浮世絵商が浮世絵を外国に売り払ってきたことに対しては批判的だった。その槍玉に上げられたのが林忠正である。外国で出版された美術書・美術雑誌で「林忠正」

の印章を押した浮世絵を目にするたびに「利のためにアタラ日本の古美術品を、外人の手に帰せしめた罪を責めたい感が起る」（『此花』第二枝）と。

林忠正は明治十一年のパリ万国博覧会を機に渡仏、そのままパリに留まり通訳や翻訳の仕事に従事して日仏の架け橋となった。同十七年にはパリ市内に美術店を開き、いわゆるジャポニスムの波に乗って画商の活動を始めた。その後、同二十年には東京に林商会本店を設け、浮世絵を扱うようになった。

こうして小林文七との関係が築かれた。林が『浮世絵展覧会品目』に寄せた序文では、パリで交友のあったテオドル・デュレ、シャルル・アヴィラン、ルイ・ゴンス、エドモン・ド・ゴンクール、フィリップ・ビュルティらの浮世絵評を紹介している。このうちのフィリップ・ビュルティの評を、小林は『葛飾北斎伝』附言にそのまま引用した。

林も小林も、欧米でこれほど高い評価を得ている浮世絵が本国の日本では顧みられないことを嘆くのだが、パリの浮世絵人気を直に知る林が小林よりも一歩踏み込んだ発言をしている。日本画と称するものの多くは中国画の末流であり、西洋人には区別がつかない。浮世絵だけが独創的である。

唐絵ノ俊逸ヲ貴ビ、大和絵ノ優美ヲ愛シ、文人画ノ風致ヲ味フハ、誠ニ至当ナリト雖モ、高尚ヲ重ンジ、雅致ヲ賞スルノ余リ、浮世絵ハ鄙陋《ヒロウ》ニシテ取ルニ足ラザルモノトスルハ酷ナリ。而ルニ外国人ハ殊ニ之ヲ貴重シ、肉筆ハ固ヨリ絵草紙錦絵ノ類ニ至ル迄モ賞翫セザルハナシ。而シテ其賞翫ノ如何ヲ視ルニ、啻《タダ》ニ珍異ヲ弄シ、風俗ヲ視ルニ止マラズ、卓爾タル一派ノ美術トシテ之ヲ鑑賞セリ。

（前掲『林忠正宛書簡・資料集』）

林も小林も浮世絵は美術であると明言する。問題は、ふたりの頭に春画はあるのかないのか。小林は春画にまったく言及しないが、林は「鄙陋ニシテ取ルニ足ラザルモノ」や「絵草紙錦絵ノ類ニ至ル迄モ」という言い回しに春画をにおわせる。しかし、林にとって春画は大切な商品であったはずだ。

林がエドモン・ド・ゴンクールと出会ったのは渡仏直後であり、手紙のやりとりは美術店を開いた明治十七年（一八八四）に始まる。そして林の協力を得て、ゴンクールが『歌麿』を刊行するのは一八九一年のことである。そこには「日本の画家は皆エロチックな作品、『春画』を制作している」で始まる一章があり、ジュリオ・ロマーノ（十六の体位図"I Modi"がイタリア・ルネサンス期を代表するエロチック・アートとして名高い）やミケランジェロの名を引き合いに出しながら、つぎのような堂々たる春画観を披瀝している。

そして、こうした肉欲の動物的営みの熱中の中にあって、人間存在の滋味豊かな精神集中、心穏やかな自己沈潜のようなものが見られるのはなんたることだろう。ここには我々のプリミティヴの画家たち［初期ルネサンスの画家のこと］に見られるような、深くうなじをたれた宗教儀式じみた姿勢、ほとんど宗教的にすら見えるほどの愛の行為が描かれている。

（エドモン・ド・ゴンクール『歌麿』隠岐由紀子訳、平凡社、平成十七年）

これに対して、日本では画商の林や小林ばかりでなく、浮世絵を論じる飯島虚心でさえも春画には口をつぐんだ。『葛飾北斎伝』の中で春画にふれる箇所はつぎのとおりあまりに素っ気ない。

一説に、翁壮年の頃は、俳優の似顔画、および猥褻なる男女の画などもかきたりしが、中年画法を一変し、志を立て、北斎と号してより、天地間の物、何にても画かざることなけれども、唯俳優の似顔画および猥褻の画は、決して画かざりしと。

按ずるに、此の説の如く俳優の似顔画は、画かざりしが、猥褻なる画は、往々画きたることあるが如し。

ここでは春画は「猥褻なる画」であり、それ以上でもそれ以下でもない。春画とは何かを問う姿勢に欠ける。それを生み出し楽しんだ人間というものに目が向かわない。『浮世絵師歌川列伝』や『河鍋暁斎翁伝』も同様で、歌川派も暁斎もたくさんの春画を描いたというのに、虚心はそれに一切ふれない。自明の如く、春画は美術たる浮世絵の外に置かれている。

誰が春画をそんなふうにしたのだろうか。この問題は、誰が浮世絵を美術に仕立てたのかを問うことでもある。小林文七主催の浮世絵展が開かれた日本美術協会は明治十二年創立の龍池会を前身とする。会誌『龍池会報告』(明治十八年創刊)、ついで『日本美術協会報告』(同二十一年創刊)を繙《ひもと》くと、この会の問題意識を追うことができる。

ちょうどそのころに龍池会は美術の定義を企て、「製形上ノ美術＝建築、彫刻、図画」と「発音上ノ美術＝音楽、詩歌」の範囲を定めて公式見解とした。そして「春宵秘戯ノ図ハ呼テ美術ト為ス可カラス」と切り捨てた(「美術区域ノ始末」『工芸叢談』第一巻、明治十三年)。

これは「読売新聞」の場合だが、明治七年の創刊以来「春画」に「わらひゑ」というルビを一貫して振ってきたのに、明治十七年を境にルビは「しゅんぐわ」に変わる。当時の読者に「春画」という字面は縁遠く、むしろ「笑絵」が日常生活の中にあったことを示している。同じ「読売新聞」紙面で、春画の取締り記事において「猥褻」なる形容詞が登場するのが、明治十五年からである。春画が豊かに持っていた笑いの要素が評価を失い、単に猥褻な表現と見なされるようになったのではないか。

取り締まる側の論理

裸体および裸体表現規制の歴史は、違式詿違《いしきかいい》条例から語られることが多い。東京府は明治五年十一月八日に違式詿違条例を布達、これを各府県が参考にし、翌年には全国に広がった。そこでの規制はつぎのとおり。一般向けの絵解書から引用しよう。

第九条「春画《ワライエ》及《オヨ》ヒ其類《ソノタグイ》ノ諸《イロイロノ》器物《ドウグ》ヲ販売《ウリサバク》スル者」
第二二条「裸体《アカハダカ》又ハ袒裼《カタヌギ》シ、或《アルイ》ハ股脚《モヽアシ》ヲ露《アラワ》シ醜体《ミニクキテイ》ヲナス者」
（細木藤七編『違式詿違条例』洋々堂、明治十一年）

こうした風俗取り締まりはさらなる法整備と警察機構の整備を求める。明治十三年に刑法が制定されると、違式詿違条例は三種の罪「重罪、軽罪、違警罪」（第一条）のひとつ違警罪へと引き継がれた。そして、刑法は別に「猥褻罪」をつぎのように立て、違式詿違条例第九条にいう「春画《ワライエ》」を「風俗ヲ害スル冊子図画其他猥褻ノ物品」と規定した。

第二五八条「公然猥褻ノ所行ヲ為シタル者ハ三円以上三十円以下ノ罰金ニ処ス」
第二五九条「風俗ヲ害スル冊子図画其他猥褻ノ物品ヲ公然陳列シ又ハ販売シタル者ハ四円以上四十円以下ノ罰金ニ処ス」

これが今日の刑法第一七四条、一七五条の原型となる。所行（行為）、陳列、販売（頒布）を取り締まるという枠組みは、百三十余年が過ぎてもいささかも揺らいでいない。

並行して、報道と出版を取り締まる表現規制に特化した法整備も進んだ。もっぱら雑誌には新聞紙条例、書籍には出版条例をあて、刑法はほとんど適用されなかった。新聞紙条例・出版条例ともに改正を重ね、明治二十年代には以下の禁止条項を持つに至った。

第三三条「猥褻ノ新聞紙ヲ発行スルトキハ発行人、編輯人ヲ一月以上六月以下ノ軽禁錮又ハ二十円以上二百円以下ノ罰金ニ処ス」
新聞紙条例（明治二十年［一八八七］十二月二十八日、勅令第七五号）

第二五条「猥褻ノ文書図画ヲ出版シタルトキハ著作者発行者共犯ヲ以テ論シ一月以上六月以下ノ軽禁錮又ハ二十円以上二百円以下ノ罰金ニ処ス」
出版条例（明治二十年十二月二十八日、勅令第七六号）

こうして、取り締まる側も取り締まられる側も、春画が猥褻であることを疑わなくなった。

最後に、再び『此花』から「外国人の風刺予言」（第十一枝）を紹介しよう。

我輩茲に断言する。多くの日本人が浮世絵の趣味と実益を解するのは、恐らく今より百年の後であらう、其時初めて、我々の父祖は馬鹿な事をして呉れた、日本の名物たる浮世絵を悉く外国人の手に売渡して了つたと、子孫の者が現今の人々を恨むであらう。

宮武外骨がこの意見を紹介してから、まさしく百年が過ぎた。浮世絵を春画に入れ替えれば、永青文庫での春画展開催（二〇一五年）を待って、われわれ「子孫の者」はようやくその「趣味と実益を解する」緒に就くことができたというべきだろう。

愛知県小牧市・田縣神社に祀られる
「大男茎形（おおおわせがた）」（162頁参照）
筆者撮影（164頁まですべて）

性地巡礼

タノカンサァ

池袋水天宮

Ikebukuro Suitengu

東京都豊島区

田の神さまは不思議な身体をしている。前から見れば、杓子や擂り粉木を手に持ち、いつもにこやかに微笑んでいる。笠をかぶった旅の僧のようだ。それが後ろに回ると一変、大きな男根になる。ただそれだけ。何もない。股間さえない。それは見事な一瞬の変身だ。遠山の金さんが背中の桜吹雪を見せるよりも早い。「背中のこれが」と言った時点で、もはや背中ではないのだから。このタイプの田の神さまは薩摩、大隅、日向といった旧島津藩領にのみ見られ、タノカンサァと呼ばれ、崇められてきた。田の神さまだから、ふだんは田んぼの縁にいて、作物がすくすく育つようにと見守っている。五穀豊穣ばかりでなく子孫繁栄の神さまでもあるのだから、欲望渦巻く盛り場を見守っていただくことには大いに意義がある。

かなまらまつり

Kanayama Jinja

金山神社

神奈川県川崎市

ふだんはひっそりとしている境内が、四月初めのかなまら祭の時だけ人であふれかえる。それを当て込んで、男根形の飴や徳利や置物、大人のオモチャを売る店が出る。境内はほとんど身動きがとれない。そんな中に木造の大きな男根が置かれたから大変だ。またがり抱きつく人が列をなし、周りがそれを囃し立て、歓声をあげる。年毎に人気は高まり、羽目を外す輩が続出、風紀乱れ、混乱を極め、とうとう神社は二〇一六年に男根の境内への設置をとりやめた。もう少し小振りの男根を直立させた神輿は三基が川崎大師の商店街を巡行する。ひときわ目立つピンクのそれは、新宿の女装クラブ、エリザベス会館が奉納した「エリザベス神輿」である。こちらも二〇一六年に大きな変化があった。担ぎ手の女装者がいなくなり、台車で巡行した。担ぐと先っちょがゆらゆら揺れ動くのがよかったのに。もともとは江戸時代の川崎宿にあった性信仰を細々とつないできた。それを一九七〇年代に大きく復活させた。時代とともに、何度も曲がり角を曲がってきた祭りである。

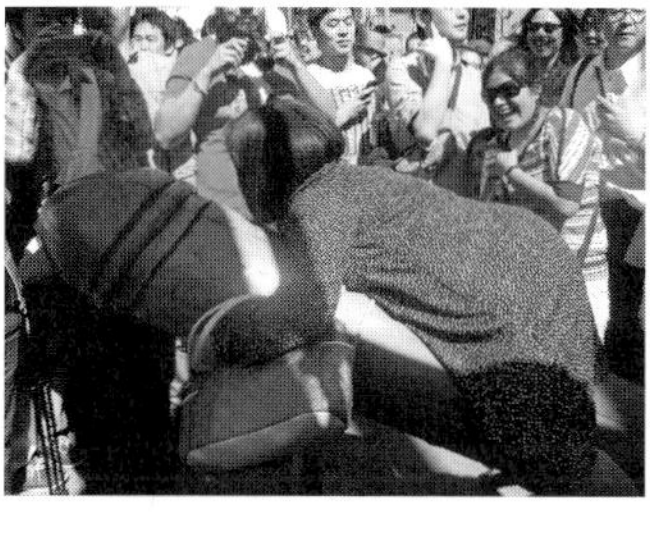

奉納男根 田縣神社

Tagata Jinja

愛知県小牧市

一八六四年にイギリス人アダム・スコットが訪れた横須賀の吾妻権現社の拝殿にはびっしりと男根が奉納されていたが、百五十年後、わたしが訪れた時はもぬけの殻だった[22頁参照]。スコットの絵日記に描かれた光景を再び目にしたければ、田縣神社の奥宮を訪れるのがよい。祭壇の両側に、大小さまざまな男根が肩を寄せ合うようにして並んでいる。そして、正面にはひときわ大きい男根が横たわっている。毎年三月の豊年祭に新調される大男茎形《おおおわせがた》に違いない。奥宮の由緒にいわく「千年の昔より遠近の人々願ひの叶ひしを喜びて、逸物を供える慣習あり、これをみて男子はその雄大な形相に益々発奮して仕事に励み、女人はひそかに伺ひみて願ひかければ良縁を得るまた子宝に恵まれるとぞ、生むは産むに通じて商売繁昌には霊験いやちこなり」。近くに大縣神社あり、こちらには立派な姫石が祀られている。やはりスコットの描いた鎌倉鶴岡八幡宮境内の姫石も、かつてはこんなふうに大切にされていたはずだ。

道祖神 大日堂

Dainichido

長野県松本市

　信州松本には早々と文明開化が及んだ。開智小学校が建てられ、教育上最悪！という理由で性器信仰の根絶が図られた。その歴史をきちんと伝える松本市立博物館を見せたくて、学生たちを案内した。いや、教育的配慮から、セクハラという批判も何ら怖れず、どうしても見せたかったものは展示ケースの中の男根群である［27頁参照］。ついでに町に出て、道祖神を訪ね歩いた。道祖神は男女の寄り添う姿が多く、性器をむき出しにするものなどない。わずかに、大日堂という小さな御堂の前に、男性器を刻んだ石碑を見ることができた。ただし、それは石の裏側。表にはただ「道祖神」と刻み、裏では、彫られた男性器がヘビのように首を伸ばしてその下の穴をうかがう。陰毛あり。右に「安政六歳己未正月」、左に「澤村」とあるから、百六十年ほど前のものである。背後であったがゆえに、気づかれずに文明開化を生き延びたのだろう。

あいたたた
弓削神宮
Yuge Jingu

熊本県熊本市

あいたたた、だなんて思ってはいけない。そんなところにおみくじを差し込んではいけない。いや、そんなところに感情移入してはいけない。と分ってはいても、昔、入院した時に尿道カテーテルを入れられたことをどうしても思い出してしまった。とはいえ、それだって麻酔で眠らされていた最中の出来事なのだから、あとから想像した痛みに過ぎない。この神社にはもっと痛いものがある。それこそ、あいたたた、どころでは済まない。真っ赤に塗られた巨大な男根の横たわるその向こうに、木造の男根、女陰が無数に奉納されている。そのほとんどすべてに釘が打たれているのだ。きのう納めたように真新しいものもある。弓削神宮の持って回った言い回しの由緒にいわく「夫婦仲の和不和の原因に依りその因を正しく自然に戻すためには性器の良否又は不貞行為に依るものかを究めてその願望を叶えさせられると故老より言い伝えられています」。

猥褻物チン列頒布論

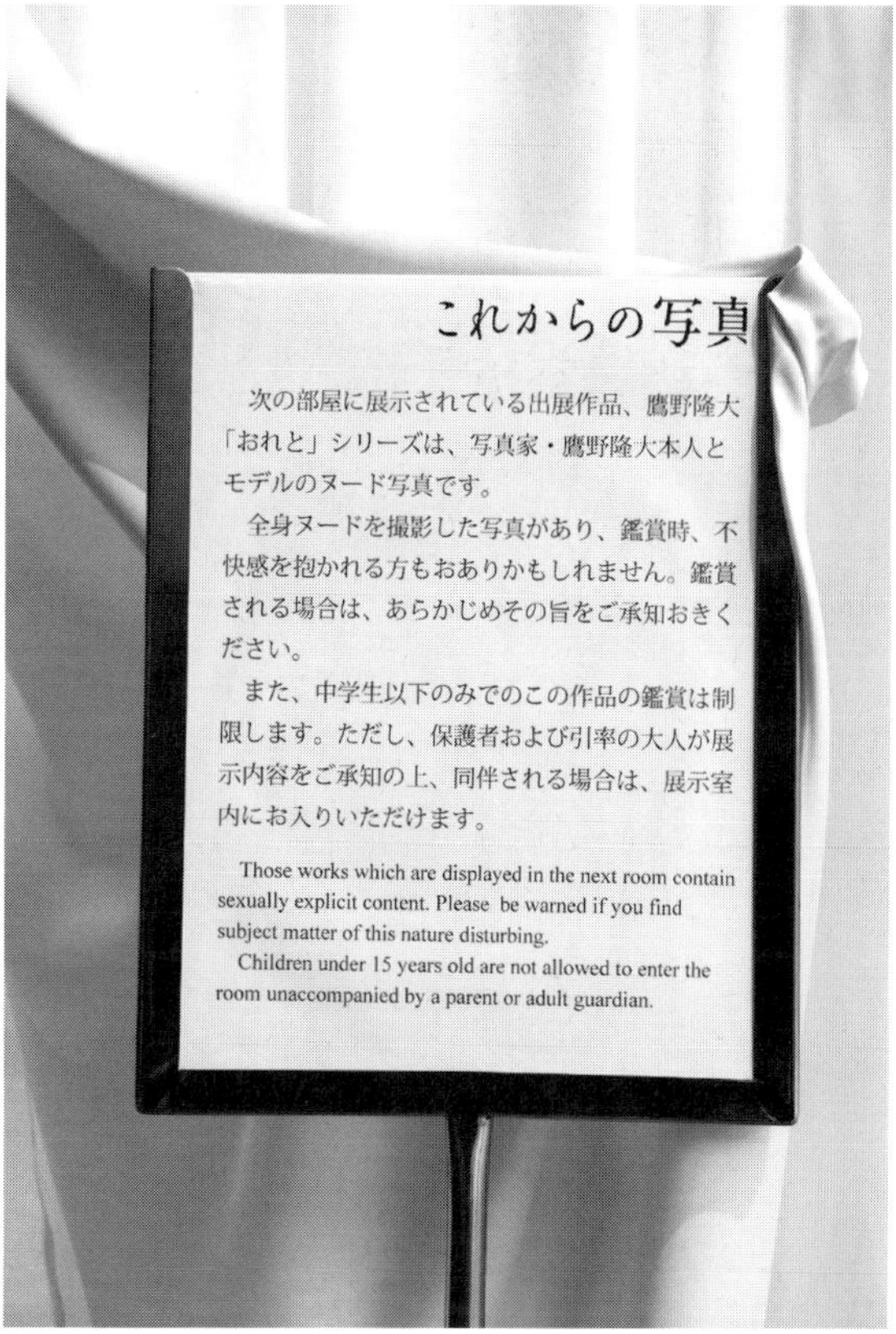

愛知県美術館「これからの写真」展（2014年）で、
鷹野隆大の展示室入り口に配された注意書き。
布で覆ったあとのもの（それ以前には「性器を含む」という記述があった）。
撮影=広瀬達郎／新潮社

二〇一四年夏の、そして冬の性器をめぐる二、三の出来事

わいせつな電磁的記録の頒布

紫色雁高《かりだか》（北斎）、夜毎庵好重（広重）、淫乱斎（英泉）、不器用又平（国貞）、淫水亭開好《ぼぼ》（国盛）、一妙開程芳《ほどよし》（国芳）など春画を手掛けた浮世絵師の隠号に比べれば、「ろくでなし子」とは可愛いものである。

その可愛らしいネーミングが災いしたのかもしれない。こんなふざけた名前の小娘（テレビニュースで見たらそう見えた）にお灸をすえれば、世の話題となり、現代日本の乱れる性風俗を少しは清く正しく美しい方向へと導くことができるだろうと。

二〇一四年七月十二日の朝に突然、ろくでなし子さんは警察によって自宅で逮捕された。自分の性器（本人は「まんこ」と呼ぶことに強くこだわる）をモチーフに二年ほど前から展開してきた表現活動が、刑法第一七五条にいう「電気通信の送信によりわいせつな電磁的記録その他の記録を頒布した」と見なされたからだ。条文のこの部分は二〇一一年の刑法改正で新たに加わったばかりだ。

取締りはいつも現実に追いつかない。ネット空間を飛び交う「わいせつな電磁的記録」の規制に、警察は躍起となっている。ろくでなし子さんは格好の標的とされ、その証拠に、小岩署に連行される際には、待ち構えていたメディアのカメラにさらされた。その顔ははっきりと映し出さ

れ、テレビニュースで全国に流れた。いまは人を殺したという被疑者でさえ人権が守られるというのに、まるで市中曳き回しの刑ではないか。

いきなりの身柄拘束はかなり重い処置である。警察は周到に準備を重ねたはずだ。刑事はろくでなし子さんが新宿眼科画廊で開いた「まんことあそぼう！　よいこの科学まん個展」（五月九日〜二十一日）にも現れ、オープニングパーティーで「まん汁」という名のとん汁が振る舞われたのを見ている。連行する車中で、彼女に「あのまん汁すぐに売り切れてたね〜」と語ったという。

しかし、本稿を書いている時点で、ろくでなし子さんは起訴されていない。彼女の行為が法に抵触したのかを検討中なのだろう。

自らの性器を3Dスキャンしてつくった《マンボート》と、ろくでなし子。撮影=櫻井泰士朗

問題はふたつある。第一に、「3DMKBoat Project（わたしの「まん中」を３Ｄスキャンして、世界初の夢のマンボートを作る計画に支援を！）」［上］のために自らの性器をスキャンした電磁的記録が「わいせつ物」であるか否か、第二にそれをfirestorageでオンライン上に保管し、七日以内にダウンロードすれば開けるように手配したこと（そのＵＲＬを支援者に伝えたこと）が、「頒布」に当るか否か。

は て、データ受信者がどの時点で「徒らに性欲を興奮又は刺戟せしめ、且つ、普通人の正常な性的羞恥心を害」された（伊藤整訳『チャタレイ夫人の恋人』が「わいせつ物」として一九五〇年に摘発された裁判の最高裁判決）のかさっぱりわからない。
六日後には釈放されたろくでなし子さんは、十二月三日になって再び逮捕された。懲りない彼女にはもっと大きなお灸が必要だと、警察は考えたのだろう。「わいせつな電磁的記録に係る記録媒体の頒布」と「わいせつな図画その他の物を公然と陳列した」ことが、新たな容疑として加わった。

パリの大股開き

ろくでなし子さん逮捕のニュースに接してすぐに思い浮かんだ出来事は、その少し前にパリのオルセー美術館で行われたルクセンブルク人芸術家デボラ・ドゥ・ロベルティスさんによる自主パフォーマンスだった。

キリスト昇天日にあたる五月二十九日、彼女はクールベの絵《世界の起源》（オルセー美術館蔵）の前にどっかりと腰を下ろし、クールベのそれは開き方が足りないとばかり、自らの両脚を思い切り開いて見せたのだった。こちらは電磁的記録ではなく実物だからわかりやすい。

デボラさんは終始無言だったが、身体に装着したスピーカーから、シューベルト作曲の「アヴェ・マリア」と彼女自身の声で「私は起源、私はすべての女性、あなたは私を見ていなかった、私を認めてほしい、水のように純粋な、精子の創造者」と語るナレーションを流し続けた。

性器の絵を見に来た観客は、絵の前の本物の性器に驚き、戸惑い、しかし係員の説得に梃でも動こうとしないデボラさんの行動に拍手を送る様子の一部始終が撮影され、インターネットに載せられるや瞬時に世界を駆け巡った。

同じことを日本ですれば、間違いなく係員に引きずり出され（オルセー美術館はそれをしなかった）、駆けつけた警察官に刑法第一七四条「公然とわいせつな行為をした者」として現行犯逮捕されただろう。結局、デボラさんは逮捕されず、警察署で事情聴取を受けただけで帰された。

その後、パリで開かれたアートフェアＦＩＡＣに展示したという写真を『芸術新潮』編集部宛てに送ってきてくれた。これ以上は無理というぐらい両手で開いた性器を、というよりも、身体の内部、内臓としか呼びようがない性器のさらなる奥を真正面から撮った公式写真だった。その写真はここでは紹介しない。むしろ、世界を駆け巡ったパフォーマンス時の写真をお見せしよう［下］。

デボラさんいわく「性器は私にとって性器ではなく、世の中を見つめる『眼』だ」（編集部に届いた電子メール）。そして、ろくでなし子さんいわく「わたしのまんこはわいせつではありません」。

2014年5月29日、オルセー美術館でゲリラ・パフォーマンス
《世界の起源の鏡像（Miroir de l' Origine）》を敢行したデボラ・ドゥ・ロベルティス。
（『芸術新潮』2015年1月号より）

一市民の通報から

愛知県美術館に愛知県警愛知署員が突然訪れたのは八月八日のことだった。匿名の市民から通報があり、開催中の「これからの写真」展（八月一日～九月二十八日）を視察に来たのだった。展覧会には九人の写真家が作品を寄せていたが、警察は男性ヌードに取り組んできた鷹野隆大さんの展示室だけを写真撮影して帰った。

その三日後、八月十一日の午前中に、今度は愛知県警生活安全部保安課課長補佐から電話が入り、いきなり鷹野さんの作品撤去を命じた。ろくでなし子さんの最初の逮捕時と少し異なり、同じ刑法第一七五条でも「わいせつな図画」を「公然と陳列した」疑いからだ。

副館長が陳列の意図を説明しようとしたが、警察は聴く耳を持たなかった。翌日にかけて、美術館は所管の愛知県県民生活部、愛知芸術文化センターと善後策を協議し、警察の撤去命令には応じない腹を固めた。

十二日午後には、愛知県警生活安全部保安課管理官と係長クラスの担当官が来館し、作品を撤去しないなら展示室を閉鎖せよ。性器が写っている作品はわいせつ物だ。これは即物的判断であって、芸術性や表現は一切考慮しないと伝えた。そこで、センター長が「見えなければよいのか」と質問すると、警察は「そうだ、そんなことができるのか」と答えたという。

この日、鷹野さんも東京から駆けつけ（ただし警察とは顔を合わせず）、問題視された作品を布や紙で覆い隠すことを決め、それを新たな作品、一種のインスタレーションととらえて作業を行った。すると、警察からそれ以上のお咎めはなかった。まさしく性器だけが問題だった。

その報に接して、すわ平成の腰巻事件起こる！と私は思った。もちろん、鷹野さんも美術館学芸員もまた、今から百十三年前の白馬会展覧会場で起こった黒田清輝の油絵《裸体婦人像》（静嘉堂文庫美術館蔵）をめぐる出来事［74頁］を思い浮かべた。

「吉永下谷署長臨検のため同会へ出張し来り、陳列の作品を一覧し、裸体に関するものを見るより風教上差支あり、且つ観者の実感を挑発するの虞あれバ、局部を露出せしめざるやうにせよと注意を与へたれバ、同会にてハ直ちに其注意に従ひ、紫色の巾を持ち来りて局部に覆ひを施したり」（「都新聞」一九〇一年十月二十日）。

各新聞は挿絵でしか伝えないが、雑誌『明星』だけが会場写真を掲載してくれたお陰で、われわれはその様子を知ることができる。

そんな古い手法を引っ張り出した鷹野さんと学芸員には、警察の古典的介入を皮肉ろうとした思いもあったに違いない。もっとも、巻かれたものは腰巻きではなくシーツというべきで、写真の中のただでさえ親密なふたりはいっそう親密な感じを増した。

『明星』に代わって、今度は『芸術新潮』の出番だ。この光景を百年後の日本社会に伝えようと奮い立ち、カメラマンとともに名古屋に向かった［次見開き］。

わいせつ物の陳列

知りたいことは山のようにあった。美術館が命令を無視したらどうなっただろうか。警察は検挙をちらつかせたというが、その場合、逮捕されるべきわいせつ物陳列者とはいったい誰なのだろう。実際に陳列した作業員、それを指示した担当学芸員、その長たる美術館長、その上の愛知芸術文化センター長、そのまた上の県民生活部長、はたまた県知事か。

「これからの写真」展で、一部作品が布や紙で覆い隠された鷹野隆大作品展示室。
2014年9月、愛知県美術館にて　撮影=広瀬達郎／新潮社

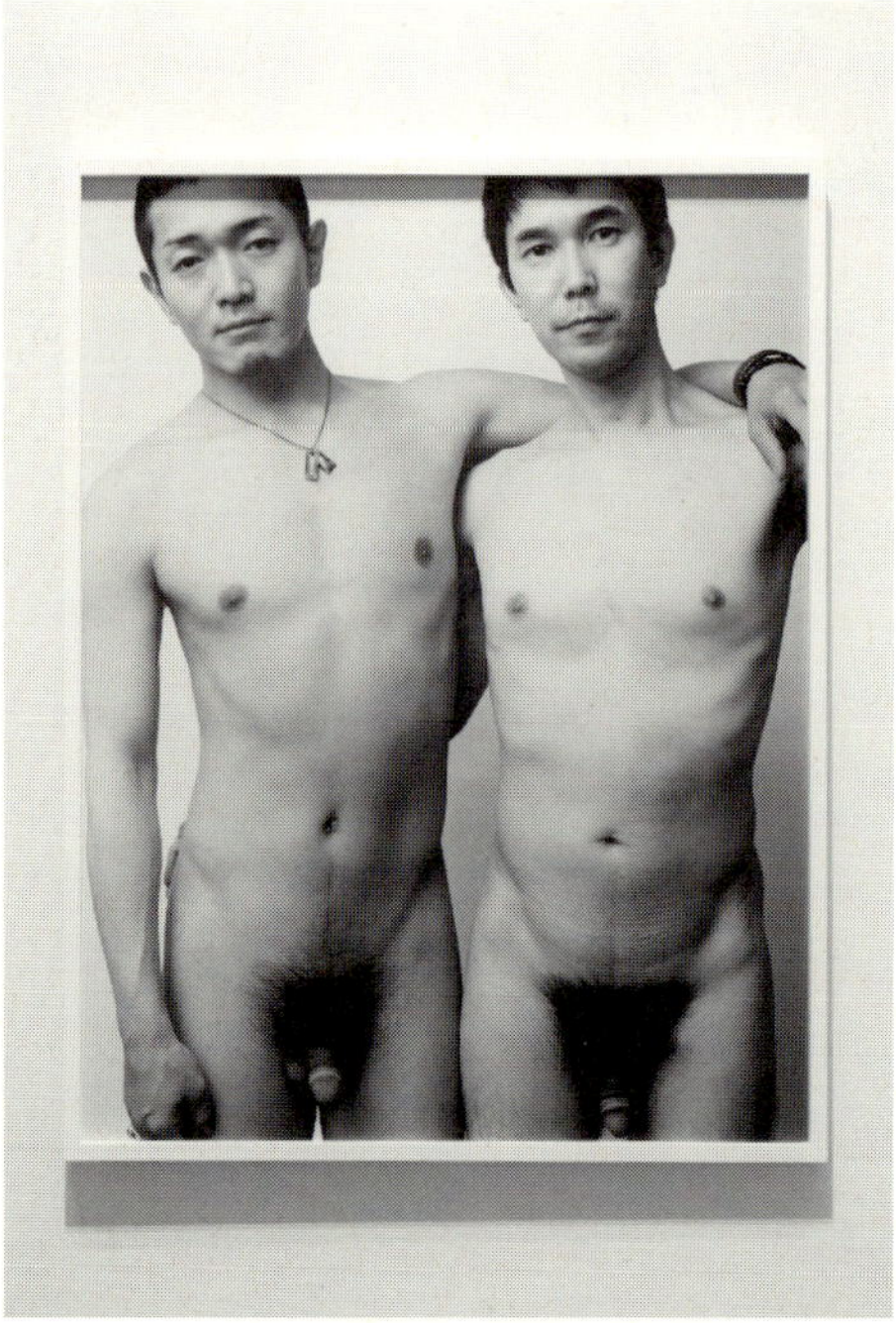

愛知県警によって問題とされた
鷹野隆大作品のひとつ。
《おれと with KJ #2（2007）》
2007年　写真提供＝愛知県美術館

そもそも性器が見えるとなぜいけないのか。布で覆った作品の左隣の写真に写っている女性は、性器を見せていると私は思った。愛知県警の人にもそう見えたようだが、女は股を開かなければいいと副館長に語ったという。表現行為を尊重し、それなら大股開いたっていいと判断したパリの警察とはずいぶん違う。

いや、実物とそれを表現したものとをごちゃまぜに論じてはいけない。愛知県警が目にしたそれは写真であり、パリの警察が問題にしたそれは実物だった。そしてすでにふれたとおり、日本の刑法は、実物に対しては第一七四条（公然わいせつ）で、表現物に対しては第一七五条（わいせつ物頒布等）で対応することになっている。

もしも、鷹野さんがデボラさんのように展示室でいきなりズボンを下ろし、観客の前に下半身をさらしたとすれば、間違いなく「公然とわいせつな行為をした者」として逮捕されただろう。突然パンツの中にハチが入ってきたといった特段の事情がないかぎり、犯罪は成立する。

この時、性器を見せた行為がわいせつなのであって、性器それ自体はわいせつではない。ろくでなし子さんが「わたしのまんこはわいせつではありません」というとおりである。逆に、ろくでなし子さんのこの主張では表現物に対する容疑を論破できない。

性器は表現されてはじめて「わいせつ物」になる可能性を有する。「わいせつ」は公権力の用いるレッテルであるから、その度合いは最終的には裁判官が判断することになるが、最初は警察官が判断する。

裁判に時間がかかるのはやむをえない。わいせつか否か、そう簡単には見分けがつかないからだ。しかし、最初の段階で時間をかけるわけにはいかない。悠長なことをしていたら、犯罪者を取り逃がしてしまう。

八月八日から十一日にかけて愛知県警がどんな相談をしたかは知らないが、性器の有無を判定基準としたことは「即物的」という発言からうかがわれる。芸術性や表現は問題にしないという現場の気持ちはよくわかる。マニュアルどおりに動けば楽だから。

そうした事情を斟酌しても、愛知県警の行動は強引だった。刑法では峻別されている公然と性器を見せる行為と性器を表現したものを見せる行為とを混同してはいないか。「写真」という言葉に対する誤解がさらなる混乱を招いている。写真は決して真を写したものではない。あくまでも写真家による表現なのであり、まずはその表現物を陳列した意図を警察は美術館に問うべきだった。ついでにいえば、最初の通報者もまた、最寄りの警察署ではなく、美術館に意見を寄せるべきだっただろう。

百歩譲って、鷹野さんの写真を「わいせつ物」だとしても、それが美術館の展示室にあることを「公然と陳列」したととらえることには無理がある。

当初、愛知県美術館は会場と展示室のそれぞれの入口に「全身ヌードを撮影した写真があり、鑑賞時、不快感を抱かれる方もおありかもしれません。鑑賞される場合は、あらかじめその旨をご承知おきください。」という注意書きを示すとともに、「中学生以下のみでのこの作品の鑑賞は制限します。ただし、保護者および引率の大人が展示内容をご承知の上、同伴される場合は、展示室内にお入りいただけます。」と年齢制限をかけた［165頁］。このように鑑賞者を二重三重に絞っていたのだから、必ずしも「公然」とはいえない。

市民を守る警察は、その一員でもある表現者の権利、それを見たい者の権利、そして、それを見たくない者の権利のバランスに配慮すべきだった。

性器とはどこか

最後に、「性器」を問題にしたい。実は、刑法に「わいせつ」はあっても「性器」なる言葉は存在しない。日本の法律に「性器」が登場するのは、「児童買春、児童ポルノに係る行為等の規制及び処罰並びに児童の保護等に関する法律」や「青少年が安全に安心してインターネットを利用できる環境の整備等に関する法律」などわずか五件である。

ところが、いわゆるわいせつ裁判では、性器は自明のごとく使われてきた。チャタレイ裁判然り、メイプルソープ写真集裁判然り（税関で「わいせつ物」とされたが二〇〇八年に最高裁で無罪判決が出た）、裁判官たちは当たり前のように性器を口にするが、それが何であるかを定義しない。

そもそも性器とはどこを指すのか。どこまでが性器で、どこからは性器でなくなるのか。性転換手術によって新たに生じたものは性器なのか、それとも性器を表現したものなのか。

性器とは概念である。現代人が性器と呼ぶ部位を、以前なら「生殖器」、そのまた前は「造化機」（一八七五年刊行の『造化機論』はベストセラーとなった）、『解体新書』（一七七四年）にまでさかのぼれば「陰器」と呼んでいたわけで、たまたま現代日本人が便利な言葉として使っているにすぎない。ちなみに、愛知県美術館にやってきた警官は「陰茎」と呼んだというから、愛知県警の捜査マニュアルにはそう記されているのかもしれない。黒田清輝の《裸体婦人像》が咎められたのは、「局部」の露出であって性器ではなかった。

ろくでなし子さんの逮捕は事件だが（少なくとも逮捕令状などの公文書が存在する）、鷹野隆大さんの作品をめぐるあれこれはすべて口頭で行われ、結果として不問に付された。展覧会終了とともに会場は消滅し、一連の出来事もまた忘れられてゆくだろう。そこで、百年後に伝えるためにこれを記した。

ろくでなし子裁判に対する意見書

二〇一五年十一月二十日、東京地方裁判所に提出

1　第一印象

ろくでなし子さんの裁判に対するわたしの意見書を第一印象から書き始めます。逮捕まで、わたしはろくでなし子さんの存在をまったく知りませんでした。したがって、当日のテレビニュースを見てはじめて、彼女のことも事件のことも知りました。テレビで流された連行シーンを目にしていやな気分になりました。逮捕された容疑者の人権が無視されていると思ったからです。それどころか、容疑者の姿をさらし者にしようとする強い意思を背後に感じたのです。

最近では、多くの場合、警察官がブルーシートを広げて容疑者の姿をメディアから隠します。現行犯逮捕ならばともかく、警察に連行される人物は犯罪の容疑をかけられただけですから、そうした措置は当然です。ところが、反対に容疑者の顔を見せて連行する場面もしばしば目にしますから、警察署ごとにあるいは事件ごとに恣意的な判断が行われていると思わざるをえません。ろくでなし子さんの場合は、小岩警察署の前にメディアを待たせておくように、わざわざ警察が事前に手配をしたのだなと思いました。

古い言葉でいえば「市中曳き回し」ですね。なぜ顔をさらしたのか。そうするに足る理由が警察の側にあったからでしょう。警察はこの逮捕で世の中に警鐘を鳴らしたかった。自分の性器の画像を頒布するなどとんでもないことだ。そんなろくでもないことを企てれば、こうなってしまうぞと。

ろくでなし子という名前は、みせしめにするにはいかにもふさわしいと警察は考えたに違いありません。ふざけた名前ばかりか、女性器の画像を男性が扱うのではなく、女性が、しかも本人自らが扱っているという点でも、世間はきっと注目すると警察は踏んだのでしょう。その計画はまんまと当り、ずいぶんと話題になりました。

それから、いったい何が問題なのかを考えました。二〇一四年七月十二日の最初の逮捕は「電気通信の送信によりわいせつな電磁的記録その他の記録を頒布した」（刑法第一七五条）容疑によるものと知り、インターネット上に流通する猥褻画像の取締りの一環だと理解しました。なるほど現在のネット空間に性器の画像はあふれかえっています。画面をクリックするだけで、いくらでも目にすることができます。摘発してもすぐにまたアップされるというまさしく「いたちごっこ」の状況で、まずはこうした状況に世間の注目を集めようとしたのですね。ろくでなし子さんのとりわけユニークな点は、３Ｄプリンターの使用にありました。すでに３Ｄプリンターによる拳銃の製作が社会的非難を浴びており、その延長線上にこの事件を位置づけようとする意図が警察の側にあったように思います。

しかし、逮捕したまではよいけれど、性器をスキャンした電磁的記録が「わいせつ」であること、それをオンライン上に保管し、七日以内にダウンロードすれば開けるように手配したこと（そのＵＲＬを３DMKBoat Projectの支援者に伝えたこと）が「頒布」にあたることを実証できるか否かという難問に直面したはずです。

六日後に釈放されたろくでなし子さんが同年十二月三日に再逮捕された時には、「わいせつな電磁的記録に係る記録媒体の頒布」と「わいせつな図画その他の物を公然と陳列した」（刑法第一七五条）という新たな容疑が加わりました。後者の証拠品として「デコまん」三点が採用されたそうですから、検察はそれらが「わいせつ」であると実証しなければなりません。いったいどのようにそれを明らかにするのだろうか。

以上が再逮捕までの率直な印象です。最初の逮捕に続くように、同年八月十一日には愛知県美術館で展示されていた写真家鷹野隆大さんの写真を愛知県警察が撤去するように求めた出来事がありました。同じく刑法第一七五条にいう「わいせつな図画その他の物を公然と陳列した」という容疑がかけられたわけですが、こちらは、写真家と美術館が撤去には応じない代わりに写真の性器部分を布や紙で隠すという処置を施し、関係者の逮捕も起訴も起こりませんでした。

この問題にも関心をかき立てられたわたしは、主宰する春画展示研究会（「文化資源学の展望プロジェクト」として二〇一二年秋に文化資源学会に設置）の第五回研究会（日時＝二〇一四年十月十八日、会場＝東京大学法文二号館教員談話室）で、鷹野さんをゲストに招いて検証しました。この研究会の成果は、学会誌『文化資源学』第十三号（二〇一五年六月三十日発行）に特集「春画と日本社会」を組んで公表されます。また、二〇一五年一月二十五日発行の『芸術新潮』（新潮社）に「股間著聞集2014年夏の、そして冬の性器をめぐる2、3の出来事」を寄稿し、ろくでなし子さんと鷹野隆大さんの身の上に起こった出来事について私見を述べました。近著『股間若衆』（新潮社、二〇一二年）では、男性像にかぎって裸体表現の規制と性器表現の変遷について考察しました。とはいえ書名に「股間」を掲げた以上、たとえ「デコまん」が女性器であったとしても傍観するわけにはまいりません。

わたしは、十九世紀の日本文化を研究する者です。とくに芸術表現が幕末から明治維新を経てどのように変容したのかを、絵画や彫刻といった狭義の美術ではなく、写真や見世物、芸能や祭礼の領域における造形表現も視野に入れて研究してきました。それはまた、春画に代表される性表現が否定され、抑圧された時代でもありました。

戦後、「チャタレイ夫人の恋人」裁判をはじめとして、文学、絵画、写真、映画、ビデオ、コミックなどの領域での芸術表現の猥褻性を問う裁判が数々行われてきました。本裁判もまたそれに連なるものになるでしょう。これらの裁判でしばしば問題とされる「猥褻か芸術か」という枠組みがどのように成立したのかを問うことが重要だと考えます。私見によれば、それは今から百年ほど前、明治三十三年（一九〇〇）前後に成立します。

しかし、わたしはろくでなし子さんの作品の芸術性を明らかにすることにはあまり関心がありません。それは裁判では立証できないと考えるからです。本意見書では、ろくでなし子さんの造形表現が芸術であるか否かは問わず、むしろその活動を歴史的に位置づけることを試みるつもりです。ろくでなし子さんの造形表現は決して孤立していない。過去の日本社会にもよく似た表現はあり、そこにつながっていると思うからです。

2　笑いと茶化しについて

当然ながら、最初の逮捕時に問題とされた性器の画像をわたしは見ていません。起訴された時の証拠物件「デコまん」については、写真を見ました。そして、それを猥褻であると認定する根拠は、その外形よりも、性器から直接型をとったことにあるのだろうと思いました。なぜなら、外形は「デコまん」と呼ばれるとおり、デコレーションが施され、加工されており、猥褻な感じをまったく受けなかったからです。

それは木下の主観的な判断に過ぎない、やはり「デコまん」は猥褻だと主張したところで、その判断が客観的であるとするためには、デコレーションの下地が本物から直接型取りしたことを根拠にせざるをえないでしょう。しかし、加工された外形と工法である型取りとは分けて考える必要があります。後者についてはあとでふれます。

前者、すなわちその表現された外形には言葉遊びがからんでいます。これがろくでなし子さんの造形表現の特徴です。造形が先か命名が先かは知りませんが、駄洒落や語呂合わせが作品と一体化しています。それがもたらす効果はおかしみです。ユーモアや笑いにもさまざまな種類がありますあくまでもわたしの印象ですが、「デコまん」は哄笑や大笑いの世界とはほど遠く、かといって陰湿な笑いやブラックユーモアでもありません。他者に対する批判や風刺が込められているわけでもありません。

「デコまん」の「まん」は「まんこ」であり、それは一般に世のひとびとが口にすることを憚る言葉ですから、あえてそれを突きつけて世の中を驚かせ、からかい、ひとびとから苦笑いを引き出すという印象をわたしは持ちました。正直言えば、決して上質な笑いだとは思いません。もちろん、「デコまん」を見てニンマリと笑ったり、カラッと明るく笑うひともいるでしょう。ひとはさまざまですから。眉をひそめるひとばかりではないということです。

いずれにせよ、わたしには猥褻な感じ、性的な興奮につながるような感情は起こりませんでした。ろくでなし子さんの表現活動は「茶化し」という言葉で理解するのが一番ふさわしいと思います。要するにふざけているのです。大人をからかう子どもに似た行為です。世の中の常識や通念をちょっとだけ揺さぶってみようと考えているのです。そうした表現スタイルは、漫画のネタづくりに始まり、ひとびとの反応を見ながら少しずつ出来上がってきたのだということが、近著『私の体がワイセツ?!』（筑摩書房、二〇一五年）を読んでわかりました。

茶化す、からかう、ひやかす、おちょくることなど、日本には古くからあった表現です。性をめぐる表現と笑いの結びつきは、いわゆる春画によく表れています。性器はそのために極端な誇張、デフォルメがなされているといってよいでしょう。

「いわゆる春画」と書いたのは、春画は現在のようにかならずしも「しゅんが」と呼ばれていたわけではないからです。むしろ、「笑い絵」、もしくは「枕絵」と呼ばれることの方が多かったでしょう。「わ印」は「笑い絵」からきています。私見によれば、「春画」という言葉の普及・定着は意外に遅く、明治十年代です。その証拠に、「読売新聞」は明治七年（一八七四）の創刊以来明治十六年（一八八三）までは「春画」に「わらひゑ」とルビを振っているからです。

今なお文学や演劇や芸能には笑いはふんだんにあるのに、美術からはそれが近代化の早い段階で失われてしまったという大きな見取り図を書くことができます。より正確には、笑いの要素を排除するかたちで、今日の日本でいう「美術」の世界は出来上がってきたというべきです。真面目さが求められてきたのです。

これは近代日本の文化の在り方に大きくかかわっています。なぜなら、明治国家は何よりも美術中心の文化政策をとったからです。東京、ついで京都と奈良に建設された国立博物館は実質的な古美術館として活動を展開、欧米列強に対抗し得る美しい日本文化と伝統を国民に見せる場所としました。明治四十年（一九〇七）には文部省主催の美術展覧会を開設します。戦後までずっと官設の展覧会であり、その後は国家の手を離れて社団法人日展となりました。国は長い間、文学にも音楽にも、演劇にも芸能にもこのような恩恵を与えてきませんでした。国立劇場が建設されたのはずっと遅れて、なんと昭和四十一年（一九六六）のことです。

河鍋暁斎という画家を紹介します。本年六月二十七日から九月六日まで、東京丸の内の三菱一号館美術館で「画鬼暁斎」展が開催されますので、本裁判関係者は、被告人も弁護人も、検察官も裁判官も、ぜひご覧になってください。幸いにも東京地方裁判所からは目と鼻の先ですから。明治半ばに、日本美術からいかに笑いが失われたかがよくわかります。

明治三年(一八七〇)に暁斎は筆禍事件を起こし、逮捕されて笞五十の刑を受けました。政府高官を絵で風刺したからだとされますが、真相は明らかではありません。その原因は春画を描いたことだという説が生前から根強くありました。本人は口をつぐんだままでした。

もしそうだとすれば、暁斎がどんな春画を描いていたかを調べる必要がありますが、暁斎にかぎらず、春画というものを公の場で目にすることは困難です。これまでに、暁斎の本格的な回顧展は茨城県近代美術館(一九八九年)、大英博物館(一九九三—九四年)、江戸東京博物館で一京都国立博物館(二〇〇八年)で開かれてきました。このうち、展示された春画は大英博物館で一件、京都国立博物館で下絵が一件だけでした。春画を外すかたちで回顧がなされてきたのです。

このたびの三菱一号館美術館の展覧会では春画展示が予定されており、これについては『芸術新潮』(本年七月号)に寄稿した拙稿「股間著聞集　暁斎の旬の春画を味わう」を参照していただきたい。暁斎の春画は楽しい笑いに満ちたものでした。その典型的な作品が、死んだ若衆が地獄に堕ちても極楽に昇っても性からは逃れられないという《若衆物語》です。閻魔大王の顔は女性器で表現されています。人間にとっての性というものが誇張されているがゆえの笑い、しかし、それが誰もが経験する人生の真実に通じるがゆえの共感の笑いが生まれます。性表現は人間を丸裸にしますから、政治的な風刺に結びつくと激烈な毒に変わります。それが暁斎に筆禍をもたらしたのかもしれません。

しかし、ろくでなし子さんの作品には、社会に影響を及ぼすような毒があるとはとうてい思えません。なぜこのようなたわいもない笑いに警察は目くじらを立てるのでしょうか。理解し難いのです。

3　裸体画と猥褻問題

過去二十余年に、河鍋暁斎の再評価は進み、暁斎をよりよく理解するためには春画を外してはいけないということがわかってきました。二〇一三年秋に大英博物館で開かれ、八万人を超える観客を集め、世界的に高く評価された「春画―日本美術における性とたのしみ」展では、五部構成の最後に暁斎の春画が登場しました。

では、いったい誰がどのような理由で春画を日本美術から外したのでしょうか。春画それ自体は江戸時代においても非合法な出版でした。「好色」であるがゆえに風俗を乱すとして否定されました。しかし、木版画ではない肉筆の春画はこの限りではありません。出版流通をコントロールすることが問題だったのです。現代とは法体系が異なるので、そのつど禁令を出して取り締らざるを得ません。それもあって、実際には春画は広く見られ、また読まれていました。読まれたというのは、春本というかたちをとるものが多いからです。絵本《えほん》、艶本《えほん》、会本《えほん》ともいいます。その普及には貸本屋が大きな役割を担いました。春本はもちろん、春画にも詞書があり、絵と文章で笑ったり楽しんだりするものでした。ことば遊びとひとつになったろくでなし子さんの造形表現に通じるものがあります。

春画・春本の読者は身分を超えて幅広く、女性も普通に読者であったことも研究者によって指摘されています。早川聞多国際日本文化研究センター名誉教授の『春画の見かた』（平凡社、二〇〇八年）やロンドン大学教授アンドリュー・ガーストルの『江戸をんなの春画本』（平凡社新書、二〇一一年）などが参考になります。決して、男性の欲望を満たすためのポルノグラフィーであったわけではありません。前近代の日本にはおおらかな性文化が存在したことを認めないわけにはいきません。こうした観点から、ろくでなし子さんの活動には女性の賛同者が多いことを評価すべきでしょう。ろくでなし子さんが男性の性欲を満たすために自らの性器画像を提供したという解釈は実態を見ようとしない机上の解釈です。

さて、明治維新のあと、政府は法制度を整備し、春画の取締りを強化します。欧米諸国を意識した風俗の改良、社会の改善の一環です。明治五年（一八七二）に東京府が達し、それを参考に翌年には地方にも広がった違式詿違条例がその嚆矢とされます。第九条で「春画及ビ其類ノ諸器物ヲ販売スル者」を処分対象としました。ついで新聞紙条例（のちに新聞紙法）、出版条例（のちに出版法）、旧刑法などにおいて「猥褻」が条文に盛り込まれます。春画や裸体画、それらを掲載した定期刊行物や書物が、新聞紙条例と出版条例にもとづき、内務大臣による発売頒布禁止という行政処分を受けました。

先に、「猥褻か芸術か」という枠組みが明治三十三年（一九〇〇）前後に成立としたのは、このころに警察がまったく想定していなかった事態が生じ、これをめぐって議論が起こったからです。フランスに学んだ画家黒田清輝がパリのサロン（定期展覧会）で入選済みの油彩裸体画《朝妝》を日本に持ち帰り、京都で開かれた第四回内国勧業博覧会（一八九五年）に出品したところ、公衆の面前に裸体画を陳列したとして囂々たる非難を浴びたのです。

しかし、油絵は一点ものであって印刷物ではありませんから、取締りの対象ではなかったのです。展覧会という鑑賞の場も、社会に新たに登場してきたばかりでした。そこは、いわゆる「風俗警察」(内務省警保局編『警務要書』一八八五年)の監視対象ではありません。すでに旧刑法は第二五九条で、今日の刑法第一七五条に通じる「風俗ヲ害スル冊子図画其他猥褻ノ物品ヲ公然陳列」することを禁じていましたが、フランスで芸術品と認定されたものを、そうではなくて「猥褻ノ物品」なのだと断定することが関係者の誰にもできませんでした。新聞雑誌上で論争になるばかりでした。その後、明治三十一年(一八九八)になって、《朝妝》の複製図版を載せた雑誌『新著月刊』が発禁処分を受けています。

警察がさらなる一歩を踏み出したのは、明治三十四年(一九〇一)のことです。黒田が第六回白馬会展に出品した油絵《裸体婦人像》に、下谷警察署長が撤去を命じました。白馬会はそれに対して、油絵の下半分を布で隠すという措置をとったため、美術史上でこの出来事は「腰巻事件」の名で知られることになりました。警察介入と撤去命令の根拠は、おそらくその前年に制定された治安警察法第一六条であっただろうと思います。この条文には「猥褻」の文字はありませんが、「風俗ヲ害スルノ虞」があれば掲示を禁ずることができるとあるからです。

こうした批判や処分に対し、黒田清輝は春画と同一視すべきではないという意見を表明しています(『光風』一九〇五年九月号)。しかし、当時の警察資料を検証すると、警察には、春画のような猥褻物を取り締まる一方で、芸術品には一定の評価を与えようとする姿勢を認めることができます。明治四十二年(一九〇九)に刊行された小濱松次郎『警察行政要義』(駸々社)では、第二編「行政警察」第二章「風俗警察」の末尾に「裸体画及彫刻模型」という一節があり、読者たる「警察実務家」(同書凡例)に向けて、「高尚純潔ナル目的」を有した造形物に対しては慎重に扱い、「警察ハ漫ニ之ニ干渉シテ美術ノ発展ヲ阻害セサルコトヲ要ス」と述べています。

このようにして「猥褻か芸術か」という枠組みが出来上がったわけです。そして、春画はすでにそう見られていたのですが、芸術性のかけらもない猥褻物という地位をはっきりと与えられました。裸体画を認めるにせよ認めないにせよ春画が引き合いに出され、裸体画是認なら春画は裸体画の対極に置かれ、裸体画否認ならそれは裸体画と同列視されました。いずれにせよ春画は醜悪であり、春画を認める論者はいませんでした。

ところで、『警察行政要義』を読むと、明治時代の警察に比べて現代の警察は「美術ノ発展」に対する配慮を欠いていると言わざるを得ません。とりわけ、それは昨年八月の愛知県美術館に対する愛知県警察の機械的な、マニュアルどおりに動いたとしか思えない公権力介入において強く感じました。

ここでわたしが申し上げたいことは、「猥褻か芸術か」という枠組みは歴史的な産物であり、それを普遍的で自明な物差しと見なして文化を測るのは賢明ではないということです。文化はつねに歴史的だからです。本裁判においても、この物差しで測る前に、物差しそのものの有効性について考えるべきでしょう。

4　まんこについて、あるいは性器を表現することについて

ろくでなし子さんの表現活動にとって、「まんこ」はたいへん重要な言葉のようです。たしかに、その表現は造形物と「まんこ」の掛け合い漫才のようなところがあります。昨年十二月二十二日の勾留理由開示裁判において、ろくでなし子さんが「まんこ」を連発し、裁判官が制止したという報道に接し、正直に言えば、どっちもどっちだと思いました。

なぜなら、わたしは「まんこ」と聞いてもピンとこないからです。動揺もしません。つまり、

わたしの語彙にこの言葉がないのです。「まんこ」ではなく「つんびー」と聞くと、実際にはもうほとんど聞く機会はありませんが、こどものころの心の動揺が生々しくよみがえってきます。わたしの故郷では女性器はそう呼ばれていたからです。これは「つび」（『日本霊異記』や『倭名類聚抄』にすでにある）の方言であり、したがって、よその土地のひとにはぴんとこないでしょう。

第六回春画展示研究会（日時＝二〇一五年二月二十八日、会場＝東京大学法文二号館教員談話室）に講師としてお招きした丹尾安典早稲田大学教授が、その時の講演「性／性器表現雑考」をもとに書いたエッセイ「漫談」（『早稲田文学』二〇一五年夏号）において、こんなことを語っています。「『まんこ』というコトバには、縄文土偶のごとき底知れぬパワーが宿されている。まるで社会全体が、そのコトダマの祟りを恐れて、すきまからそれが這い出して来ないように、しっかりと封印しているかのような風情だ」。

なぜそうなのかを、封じる側はよく考えてみたらどうでしょうか。実態はマスメディアの自主規制によるところが大きく、封印を解いたところで風俗壊乱を招くとは思えません。そもそも「まんこ」は由来のよくわからない謎の言葉です。のちにふれる月岡雪鼎《せってい》という浮世絵師が著した『女令川趣文《おんなしめがわおへしぶみ》』（一七六八年頃）には、「開《ぼぼ》のから名づくし」と題して女性器のさまざまな呼び名が紹介されていますが、「女根《にょこん》、玉門《つび》、代物《しろもの》、へき、開《かい》、はち、陰門《いんもん》、ちよく、玉穴《ひっ》、たれ、女《め》前物《めこ》、うす」とあっても「まんこ」は登場しません。雪鼎については、山本ゆかり『上方風俗画の研究―西川祐信・月岡雪鼎を中心に』（藝華書院、二〇一〇年）が参考になります。

では、法廷で「まんこ」に差し替えられた「性器」という表現はどれほど有効なのか、こちらも疑問なしとはいえません。もちろん、戦後のいわゆる猥褻裁判で一貫して「性器」はキーワードでした。被告と原告が用語を共有しなければ裁判は成り立たないのでしょう。ところが、先に述べた明治時代においては、そもそも「性器」がほとんど使われておらず、黒田清輝の裸体画が摘発された理由も、そこに「局部」が「露出」していたからでした。この絵は、現在は静嘉堂文庫美術館に所蔵されており、今も見ることができます。「局部」には性器どころか陰毛も描かれておらず、それこそ何も「露出」していない表現に逆に驚いてしまいます。当時はいったい何が問題にされたのかと。

このように考えますと、現代の猥褻裁判において、あたかも因果関係が自明であるかのごとく「性器」とセットで持ち出される「性欲」もまた、日本社会への登場と普及の過程を丁寧に検証しなければなりません。「性欲」が性科学を背景に日本社会で使われ始めるのは二十世紀初頭、一方の「性器」は戦後になってからですから、半世紀近い時差があるのです。

それにしても、「性器」とはどこなのでしょうか。そして、どこからが「性器」で、どこからは「性器」でなくなるのでしょうか。「デコまん」が性器の表象であることは認めますが、そのうえでどの程度に性器であり続けているのでしょうか。

しかし、ここでは性器を共通用語として、その造形表現に話を移します。海外における女性器をモチーフにした造形表現は無数にあり、先の丹尾安典教授の講演「性／性器表現雑考」でも、フランスの画家クールベの油絵《世界の起源》（オルセー美術館蔵）をはじめとする近現代の事例が数多く紹介されました。少し古い出版ですが、『芸術新潮』（一九九四年二月号）の特集「性表現50年史」は役に立ちます。最近の出版では、*Art & Queer Culture*, Phaidon, 2013によって、十九世紀末から今日までの欧米社会での性表現を概観することができます。

わたしは春画にかぎり、いくつかの事例を紹介します。ろくでなし子さんの「デコまん」のように、女性器だけを大きく取り上げたものとして、月岡雪鼎の『女大楽宝開《おんなだいらくたからべき》』（一七五五年頃）と渓斎英泉の『枕文庫』（一八二二年〜三八頃）などがあります。

前者は女子教育の教科書ともいうべき『女大学宝箱《おんなだいがくたからばこ》』（一七一六年）の明らかなパロディです。「大学」に対する「大楽」というタイトルがそれを示していますし、「開」は女性器を意味します。とはいえ、当時の儒教的女子教育への単なる批判や否定ではなく、読者に女性を想定し、女性の人生にとって性が重要だと積極的に説いていることを前掲『江戸をんなの春画本』を著したガーストル教授は評価しています。著者にして画家の雪鼎は男性であり、男性中心主義であることは逃れられませんが、『女大学宝箱』が女性に性欲の抑制を強く求めるのに対し、『女大楽宝開』は性的な快楽は良好な夫婦関係に不可欠と説く。そうした主張を明確に持った書物における性器の図であることを承知する必要があります。

このあたりの問題提起は、ろくでなし子さんのたとえば「この日本では、まんこが男性に私物化され、必要以上に隠されるのがおかしい、まんこをポップに日常にとけこませたくてプロダクトアートにした」といった主張（二〇一二年のヴァニラ大賞への応募コンセプト、前掲『私の体がワイセツ?!』より引用）に通じるところがありそうです。

後者は「性の百科全書」（田野辺富蔵『医者見立て英泉『枕文庫』』河出書房新社、一九九六年）と評されています。その趣旨は「陰陽和合の道」、すなわち男女和合法を説くことでした（初編上巻序）。そのためにはお互いの性器についてもよく知ることが大切です。ろくでなし子さんが東京地方裁判所裁判官に宛てた「意見陳述書」（二〇一四年十二月二十二日）のつぎの一節「人が生まれてくるこの場所だからこそ、むしろ大切にすべき」は、実は英泉の主張に似通っているのです。『枕文庫』には『解体新書』になぞらえ、性器の内部を示した図「陰門の内の膜、腹を向ふに見る状」や胎児を宿した子宮内を描いた「妊娠腹内之図」もあります。性器内部の図には外から侵入を試みる二本の指が描かれています。本人の指か他人の指かは定かでありませんが、笑いを催すとても馬鹿馬鹿しいイメージです。「デコまん」と同じぐらい馬鹿馬鹿しいですね。

5　性文化を見つめ直す

ここに紹介しました月岡雪鼎の『女大楽宝開《おんなだいらくたからべき》』と渓斎英泉の『枕文庫』はほぼ八十年を隔てる出版ですが、ともに版を重ねよく読まれ、多くの読者を獲得しました。こうした性器をクローズアップした春画・春本が明治時代になって明確に猥褻物と見なされ、否定されたことはすでにお話ししたとおりです。ところが、近年になってこの価値評価は見直しを迫られています。先にふれた大英博物館の「春画―日本美術における性とたのしみ」展は大きな転機をもたらしました。本展が得た評価については、前掲「春画と日本社会」所収のふたつの論文、矢野明子ロンドン大学研究員「日本の春画をイギリスはどう見たか―メディアの反応を手がかりに」とティモシー・クラーク大英博物館アジア部日本セクション長“Sexhibition”: Reflection on Shunga in London, Looking Forward to Shunga in Tokyo を参照されたい。

春画の出版が無修整のまま出版されるようになったのは一九九〇年代からです。しかし、春画の展示はなかなか実現せず、大英博物館の「春画展」日本巡回も開催館が見つからず難航しました。ようやく、東洋文庫が創立九十周年を機に「岩崎コレクション―孔子から浮世絵まで」展（二〇一四年八月二十日―十二月二十六日）に春画を展示、今年に入ると前述の「画鬼暁斎」展、福岡市美術館における「肉筆浮世絵の世界―美人画、風俗画、そして春画」（八月八日―九月二十日）と春画展示が続き、そのあと、ようやく大英博物館の協力を得て、永青文庫で「春画展」（九月十九日―十二月二十三日）が開催されることになりました。

このような春画に対する再評価は、人間がつくりだしてきた性文化を安易に否定せず、目を背けず、正面から見つめ直そうという関心が高まっているからです。同時にまた、それは近代社会が性をどのようにコントロールしてきたかを再考しようとする動きでもあります。

最近、ＬＧＢＴという表現で、性の多様性を尊重しようという機運が高まりつつあります。本年四月三十日に、文部科学省が全国の教育委員会に対して「性同一性障害に係る児童生徒に対するきめ細かな対応の実施等について」を求めたことも、こうした流れの中にあります。ろくでなし子さんの造形表現とその主張は、世の良識あるひとびとの神経を逆なでしたかもしれませんが、実はこの裁判を通して現代日本の性文化をとらえ直すきっかけを提供しています。

6　表現における直接性について

すでに述べてきたように、ろくでなし子さんの「デコまん」に、その外形から猥褻性を判断することは困難です。そこで、造形表現における直接性について考えを述べます。

まずは３Ｄプリンターで出力するために提供された画像データについてです。ろくでなし子さんが「月面のクレーターのようでした」（前掲『私の体がワイセツ⁈』）というそれをわたしは見ていませんので、画像の猥褻性に関する判断は保留します。問題は、それがスキャンカメラによって得られた画像であることをどう評価するかです。

したがって、ここからは写真論ということになります。写真が絵画よりも対象の姿をより正確に伝えること、ゆえに直接的な再現性があることは認めますが、一方で、写真という技法は絵画技法の延長線上に出現したことにも注意を払わねばなりません。「カメラ」という当たり前に用いている言葉が絵画技法に由来しています。カメラ・オブスクーラ（暗い部屋）は、ルネサンス期により正確な風景画を描くために開発された道具であり、部屋ないし箱の内部の壁面に投影された映像を化学的に定着させたものが写真の発明にほかなりません。幕末期に写真が日本に伝来すると、「印影鏡」、「直写影鏡」、「留影鏡」、「印象鏡」、「写真鏡」などの訳語があてられました。しかし、結果的に「写真」という言葉が定着し、今日に至っています。

もともと「写真」も「撮影」も、絵画を語る用語でした。絵画と写真は明確に分断できず、両者の間には曖昧な領域があることについては、ずいぶんと前に書いた本ですが、拙著『写真画論』（岩波書店、一九九六年）で問題にしました。そこでの結論は、写真はその名前に反してかならずしも真を写さないということでした。「写真」という名前にだまされてはいけません。

この状況は現在もなお変わらないはずです。いやそれどころか、デジタル技術の発達によって、写真はいっそう複雑な加工が可能となったからです。スキャニングという操作が何を生み出すのかを、ぜひ裁判で明らかにしていただきたいと思います。

第二に「デコまん」の直接性についてです。なるほど「型どり」（前掲『私の体がワイセツ?!』）であれば、これ以上の直接性はありません。印象材を性器に密着させるのですから、両者は物理的には接しています。しかし、印象材が写し取ったかたちはいわゆる雌型であり、そこに石膏を流し込んで「デコまん」が生まれるわけですから、イメージの転写が少なくとも二度行われています。こうした作業を通して、失われる情報もあれば、新たに加わる情報もあるはずです。この工程をどう評価するのか、これについても裁判で慎重に考えていただきたいと思うのです。

以上でわたしの意見書を終わります。

（二〇一五年十一月十二日）

ろくでなし子裁判傍聴記

東京地裁第四二五号法廷

法廷に入るのは二度目だ。最初は三十年近く前、原告側証人として京都地裁に召喚された。美術館学芸員だったわたしは、ある贋作事件に巻き込まれたのだった。たとえ原告側には不利になろうとも、良心に従って真実を述べると意気込んで法廷に入ったものの、そんな民事裁判には傍聴人も報道関係者もおらず、審理は流れ作業のように進み、最後には裁判長が「そろそろ示談にしませんか」といった話を原告・被告双方に持ちかけた。映画やテレビで知っている裁判とは正反対の緊張感のまるでない法廷に、ここもまた日常生活の一部なのだと教えられた。

しかし、今度は刑事裁判の傍聴人だ。開廷前の殺風景な廊下に運よく抽選に当った二十六人の傍聴人のひとりとして並ばされ、十人ほどの濃い緑色の制服姿の係官に取り囲まれながら、無言で二十分ほどじっと待つ。

時は二〇一六年二月一日午前十時、所は東京地裁第四二五号法廷。前年四月から続いてきたろくでなし子さんの裁判が結審を迎えようとしていた。この日は、検察官と弁護人がそれぞれ最後の主張をする。加えて、検察官は求刑を行う。そして、最後の最後に被告人が裁判長から「最後に何か言いたいことはないか」と促され、ろくでなし子さんが何かを語れば、十ケ月に及んだ裁判に幕が下りる。そんな大切な最終公判に立ち合うことができた。

陳腐なたとえだが、まさしく法廷は裁判官と検察官と被告人と弁護人という役者が芝居を演じる舞台である。柵に隔てられた傍聴人は観客以外の何者でもない。芝居と違うのは、拍手が許されないことだけだ。こんなに面白い芝居をロハで見せてもらっていいのだろうか。

開廷

幕はすでに上がっており（いやそもそも幕はない）、芝居がいつ始まったのかもわからなかった。舞台の奥には裁判官が三人座り（真ん中に女性裁判長）、上手に被告人と弁護人九人、下手に検察官二人、中央手前に書記官がひとり座っている。さらに検察官の奥にも弁護団の奥にも人がいたのだが、司会者はおらず、何の紹介もないのでそれが誰なのかわからない。裁判官がいったん背後の部屋に姿を消して、追加証拠の採用を決めて再び登場した時に、法廷にいた全員が、もちろんわたしも釣られて起立をしたから、たぶんあの時が開廷だったのだろう。

その直後に、裁判長が「証拠調べは以上でよろしかったでしょうか」と口にした。一瞬、ファミレスでアルバイト店員から注文を聞かれているような錯覚に陥り、制服係官たちがせっかく醸し出してくれた法廷の厳めしさが吹っ飛んだ。

それをいうなら「よろしいでしょうか」でしょう。窓のない第四二五号法廷にも、間違いなくシャバの空気が流れ込んでいる。

先手は検察、三十歳前後の若い女性検察官が立ち上がり、ろくでなし子さんの「マンボートプロジェクト」のための3Dデータと「デコまん」がいかに猥褻であるかを滔々と説いた。というか、手にした原稿を棒読みした。本当の舞台ならば台本の持ち込みは許されないだろうに。

早口だったので慣れるまでに少し時間がかかったが、チャタレイ事件、四畳半襖の下張事件、国貞事件、サド事件など聞き慣れた歴代猥褻裁判の名前がつぎつぎと上がり、なんのことはない、それら過去の判決に依拠して有罪だと主張するのみである。

まるで戦後の猥褻裁判史を聞かされているようだった。愛のコリーダ裁判の第二審のあと、被告人大島渚が「猥褻は国家の堂々巡りである」と慨嘆したことを思い出した（内田剛弘編『わいせつの終焉』美神館、一九八四年）。いつも、チャタレイ裁判最高裁判決という振り出しに戻ってしまうのだ。

隣に座っていた中年男性検察官は、弁護側の弁論に異議を申し立てる際にたった一度だけ口を開いた。あとはすべて女性検察官がしゃべった。いや、しゃべらせたとしか見えなかった。「デコまん」は女性器の凹凸も含めて「大陰唇」、「小陰唇」、「陰核」などが明瞭に表現されているという説明のすべてを部下に任せ、隣で目を閉じ、じっと聴き入っている姿はそれだけでセクハラである。ふたりはどこか別室で、他人を遠ざけ弁論内容を入念に練ったに違いないのだから。「普通人」であるわたしの「性的羞恥心」（チャタレイ裁判最高裁判決が示した猥褻三要件のひとつ）は激しく害された。

求刑

いや〜な気持ちになったのは、女性検察官がろくでなし子さんの一連の創作活動を売名行為だと断言した点である。それはただ目立つ行為をして名を売りたいというだけであり、フェミニズムに対する理解などひとかけらも持ち合わせていない。ゆえに思想性をまったく有しない。そのうえ立件後も警察をからかい、おちょくるなど、真摯な態度に欠けるから情状酌量の余地などどないと容赦がなかった。

ここには人間の創作活動に対する理解などひとかけらもない。たとえ出発点に売名行為があったとしても、人間は成長するのだ。

裁判が始まったころに出版されたろくでなし子さんの『ワイセツって何ですか？』（金曜日、二〇一五年）［上］はその証である。花輪和一『刑務所の中』（講談社漫画文庫）、山本譲司『獄窓記』（新潮文庫）、佐藤優『獄中記』（岩波書店）、堀江貴文『刑務所なう。完全版』（文春文庫）、同『刑務所わず。』（文春文庫）などに続く獄中記として、わたしは楽しく読んだ。ある日突然逮捕されるというのは、本人には堪え難い経験だったはずだが、国家権力の恐ろしさを、それにめげずに鋭く伝えてくれる。

ろくでなし子
『ワイセツって何ですか？』
金曜日刊　2015年

つまり、ひとりの人間の生き方をそんな単純にとらえてはいけない。あなただって、検察官になろうかどうしようかと迷った時期があったのではないか、と観客席から声を掛けたかった。

結論として検察が示した求刑は「罰金八十万円」、それで着席したから、あれっ？　算定根拠は示さないの？　内訳は？　見積書は？　と、今度は手を挙げて質問したくなった。刑法一七五条にいう猥褻物陳列、猥褻電磁的記録等送信頒布、猥褻電磁的記録媒体頒布（正しくは猥褻ではなく「わいせつ」とひらがな表記、しかし、それでは猥褻感にまるで欠けるので、わたしは断固として漢字表記を貫く）の三つの罪を問うているのに、三で八十は割り切れないではないか。

一方の弁護人の最終弁論は、そもそも刑法一七五条が表現の自由を保障する憲法二一条に違反している。被告人の創作活動は芸術活動であり、その成果物は芸術作品である。それらは笑いに包まれ、楽しく、性的な刺激を与えない。性器の表現ではあっても性表現ではない（少なくともこの主張を三回繰り返した）。「デコまん」は反ポルノグラフィー、電磁的記録の送信頒布はプロジェクトアートの一環などと主張、ゆえに猥褻ではないとした。

判決

双方の主張に耳を傾けていた裁判長が、これから十分な時間をかけて判決文を書きたいと語り、三ケ月先の五月九日にそれを伝えると約束した。その約束を頼りにまた出かけたものの、今度は抽選に外れ、法廷に入れなかった。そこで、裁判所の正門前で、判決を書いた紙を手に関係者が中から駆け出してくる瞬間を待つことにした。三十分ぐらいかと思ったが、小雨降る中を一時間待たされた。

やがて報道陣に向かってふたりの男がゆっくりと歩いてきて、おずおずと巻き紙を開いた［下右］。劇的要素にあまりに欠けたため、やり直し、玄関からもう一度走って来て、と報道陣に求められて再演したところに、ようやく被告人と弁護人が現れて「一部無罪」の文字を取り囲んだ［下左］。

裁判長は「デコまん」には猥褻性が認められないとし、三つ

2016年5月9日の東京地裁前。判決をいち早く伝えるおなじみの光景だが、
最初は盛り上がりに欠け［右］、やり直しに［左］。筆者撮影（2点とも）

の容疑のうちの猥褻物陳列を無罪とした。それどころか、「ポップアートの一種であると捉えることは可能」として「芸術性や思想性、さらには反ポルノグラフィックな効果」も認めた（判決要旨）。芸術性に踏み込んだ点で、この判決は猥褻裁判の歴史に残るだろう。

しかし、わたしは裁判所に芸術性を判断してもらいたくない。表現の自由を保障すればそれで十分。したがって、弁護人の主張するように、「デコまん」が性表現ではないとも思わない。むしろ、判決の「女性器というモチーフを用いて見る者を楽しませたり、女性器に対する否定的なイメージを茶化したりする制作意図を読み取ることはできる」（同上）とした点を高く評価する。

ろくでなし子さんの造形表現は、わざわざポップアートのような欧米の基準を持ち出さなくても、日本社会が古くから楽しんできた、笑いに包まれた性表現の伝統につらなっているとわたしは考えてきたからだ。ほかでもない「ろくでなし子」というろくでもない名乗りがそれを示している。二〇一五年から一六年にかけて東京と京都で開かれた春画展も、今回の判決の追い風となったのではないか。シャバの風は法廷にも流れ込んでいるのだから。

春画展会場にも公然と陳列された歌川国芳の《逢見八景》［左頁上］をここに示そう。天保四年（一八三三）の作、百八十年ほど前の先人による紛れもない「デコまん」である。あるいは、こんな石造の「デコまん」も示そうか［同下］。つい最近、九州の宇佐を歩いている時に、東光寺というお寺でたまたま見つけた。五百羅漢の前に、「デコちん」とともに公然と陳列されていた。前者には帆掛船や盆石、後者には苔や枯れ葉といったデコレーションが加わっている。

もともと警察は十九点の「デコまん」を押収し、検察はそのうちの三点だけを猥褻物と認定、証拠とした。それが法廷に持ち込まれた時には、傍聴席からは見えないような大仰な木箱に入れられたという。傍聴人が目にしただけで「性欲を刺激または興奮させられ」、「性的羞恥心を害」

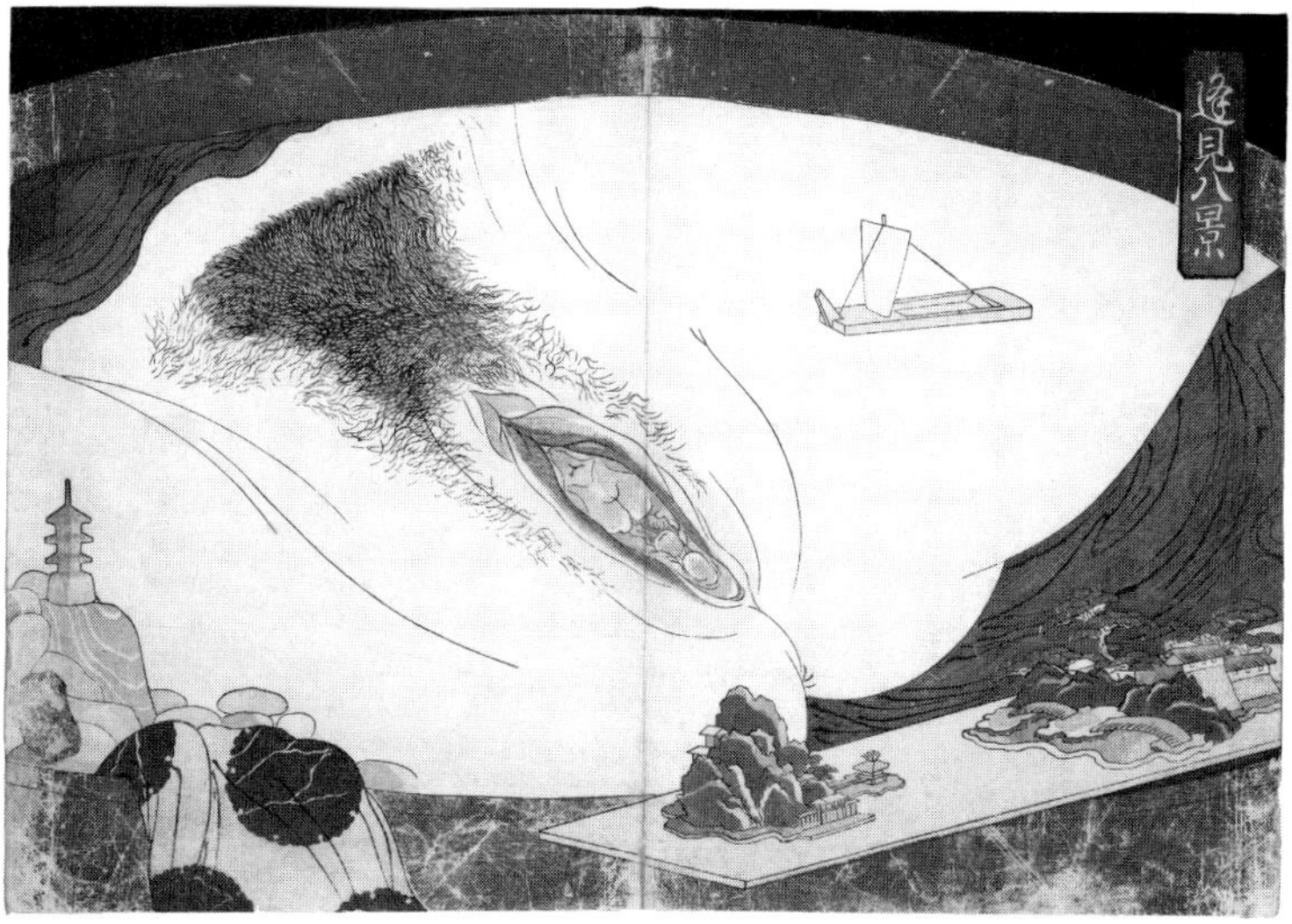

歌川国芳《逢見八景》第10図は、盥（たらい）を跨ぐ女性の局部が水面に映ったさまを「近江八景」に見立てる。天保4年（1833） 国際日本文化研究センター蔵

（チャタレイ裁判最高裁判決）されてしまうそんなに危険なものなのか。

二月一日の最終弁論で、弁護人は猥褻物と猥褻物ではないものとの境界線を突いた。検察のいうとおりに区分可能ならば、両者を見比べることで猥褻の輪郭が浮き上がるはずである。それを聴きながら、わたしもまったくそうだと思った。

裁判所がそれを検証しないなら、本誌本欄を仮の法廷に見立て、猥褻な「デコまん」（たとえば《スイーツまん》）［次頁上］と猥褻ではない「デコまん」（たとえば《ゴルフまん》）［同下］をふたつ並べて、目を凝らしてみようじゃないかと思ったが、ここに両者の写真をど〜んと

大分県宇佐市・東光寺の「陰（ほと）の石」。筆者撮影

［上］ろくでなし子《スイーツまん》
［下］ろくでなし子《ゴルフまん》
ともに2012年

掲げることは控えざるをえなかった。なぜなら、ろくでなし子さんと弁護団は即日控訴、そして検察も負けじとばかりに五月二十日になって控訴したため、「デコまん」はまたしても猥褻なのか猥褻ではないのかはっきりしない宙ぶらりんなものへと戻ったからだ。

一審判決の「一部無罪」とは「一部有罪」を意味する。被告人と弁護人は「一部有罪」を、検察は「一部無罪」を不服としたわけである。

有罪を無罪にひっくり返すには、「電磁的記録」が猥褻であるという検察の主張を否定しなければならない。主張の根拠は、性器から直接スキャンしたということだから、議論は写真論へと展開する。写真はその名に反して真を写さないとわたしは考えるが、裁判所がそれを認めると、証拠写真というものを疑うことになり、写真が真を写すことを前提に成り立っている裁判の在り方が根底から揺らいでしまう。二審の争点は難題だ。

洋菓子のようなもの

最後に、「デコまん」は猥褻ではないとした田邊三保子裁判長の言葉を記録しておこう。

［左頁］桜田門交差点より。向かって右から警視庁、東京地方裁判所、法務省旧本館（煉瓦の建物）その奥には東京地方検察庁が見える。撮影=広瀬達郎／新潮社

造形物三（《スイーツまん》）は、人間の皮膚の色にもある濃い茶色で着色されており、女性器の陰影も造形物一や造形物二に比べてはっきりしており、女性器やその周辺部の形状を比較的容易に把握できるものとはいえるが、クリーム様などのものがちりばめられ、茶色の着色がクリーム様のものなどとの装飾とも相まって全体として洋菓子のような印象を与えていることからすれば、女性器を象ったものであるという印象がそこまで強いものとまではいえない。

（判決要旨）

こんな「洋菓子のような」ものをめぐる法廷劇に、すでに一年を超える時間と莫大な税金が投じられた。それ以前に、こんな「洋菓子のような」ものを作って並べたというだけで身柄を拘束され自由を奪われたとは、とんでもない話だ。

裁判所を出て桜田門に向かって歩き、交差点で振り返ると、ろくでなし子さんを翻弄した権力の館、すなわち警視庁、検察庁、裁判所が聳えたっていた［下］。芝居はまだまだ終わらない。

あとがき

股間研究を続けてこなければ、そして、なぜ股間は隠さなければならないのかという、時々新聞を賑わす露出狂と同じ疑問に取りつかれなければ、アウグスティヌスの『神の国』を読むことなどなく、わたしは人生を終えただろう。その第十四巻第二十三章で、今から千六百年前を生きた神学者はこんなことを語り、わたしの背中を押してくれる。きみとは立場が違うけれど、股間について真面目に考えることはとてもよいことだと。

この種の身体的器官について思いめぐらす人の心に生ずるすべての思いに猥褻な感情を催させるのではないかという恐れもまったくなく、このことについて開放的に議論を展開することもできたであろうし、さらに、猥褻な感情を招きよせるような言葉すら存在せず、この器官にかんして語られたいかなることも、他の身体的諸部分にかんして語られるばあいと同じ品位を保つことができたであろう。

（服部英次郎訳『神の国』岩波文庫）

アウグスティヌスの議論の前提は、もしアダムとイブが禁断の樹の実を食べず楽園を追われさえしなければ、である。しかし、ふたりは罪を犯してしまった。その結果、この身体的器官、すなわち性器には「肉の不従順」が起こり、「プデンダpudenda（恥部）」となり果てた（第十四巻第十七章）。これを機に、人類は股間を明るく語ることができなくなってしまった。股間、と口にしたとたんに品位が下がる。

ふたりが股間を隠すのに用いたイチジクの葉っぱを積極的に評価したのは、今から二百五十年ほど前を生きたカントである。いわく「いちじくの葉というのは、理性の発達の第一段階であるよりも、理性の偉大な現れを示すものにほかならない」（「人類の歴史の憶測的な起源」『永遠平和のために／啓蒙とは何か 他三編』中山元訳、光文社古典新訳文庫）。だからイチジクの葉っぱにも正面から向き合おうと、カントもまたわたしの背中を押してくれるようだ。

最後にカントを引っぱり出すだなんて大胆不敵な本をなんとかカントかここまで書き進めることができたのは、前作『股間若衆』同様、米谷一志さん・田中樹里さんという有能な編集者コンビに恵まれたお陰である。Cuntじゃなくて Kantだよ、などという下品な発言に、樹里さんはいつもニコニコ微笑んで受け流し、米谷さんからは馬鹿言ってんじゃないよ、といつも厳しいダメ出しをいただいた。

本書冒頭の『股間若衆国語辞典』だって、「股間若衆」のほかにも「股間」や「若衆」という項目も立て、あれやこれやと書いたのに、原稿を渡した即日に却下された。なるほど国語辞典にこんな私的な思い出を書くようでは、落とされて当たり前。ついつい暴走するわたしをふたりの飴と鞭が支えてくれたのだ。ありがとう。

こかん【股間】①またのあいだ。またぐら。②その中心部に性器・生殖器・アレとかナニがあるため、かつある日突然そこに毛が生ずるため、中学生、とりわけ男子が気にする場所。少なくとも、昭和四十年代前半の浜松市立中部中学校（略称チューチュー）ではそうだったな。③人間が出てきた場所という意から、転じて人間という愚かで愛しい存在を指す。④漢字や平仮名ではなく片仮名を読むつもりで、コカン、あるいはコカーンなどと口にすると、じめじめした感じが瞬時に失われ、明るい気持ちで人間とその文化に向き合うことができる便利な言葉。

何といわれようと、本当にそう思っているんだ。

平成二十九年三月吉日

木下直之

初出一覧

＊「帰ってきた股間若衆」『芸術新潮』２０１２年11月号
＊「春画のある風景」同２０１３年12月号
＊「暁斎の旬の春画を味わう」（「股間著聞集　暁斎の旬の春画を味わう」を改題）同２０１５年７月号
＊「春画と明治日本」「春画展」図録（永青文庫他　２０１５〜１６年）
＊「二〇一四年夏の、そして冬の性器をめぐる二、三の出来事」（「股間著聞集　２０１４年夏の、そして冬の性器をめぐる２、３の出来事」を改題）『芸術新潮』２０１５年１月号
＊「ろくでなし子裁判に対する意見書」東京地方裁判所に提出（２０１５年11月20日）
＊「ろくでなし子裁判傍聴記」（「ろくでなし子猥褻裁判傍聴記　洋菓子のようなものをめぐるひとびと」を改題）『芸術新潮』２０１６年７月号

いずれも単行本化にあたり、加筆修正した。右記以外は書き下ろし。

きのした　なおゆき【木下直之】昭和二九年（一九五四）浜松生まれ。浜松市立中部中学校在学中に「ケケ坊」というあだ名をつけられ、同級生から今なおそう呼ばれる。東京藝術大学大学院中退、兵庫県立近代美術館学芸員、東京大学総合研究博物館助教授を経て、現在は東京大学大学院人文社会系研究科教授。文化資源学の一環として、股間若衆研究をつづけるうちに、あだ名の語源が「ケケボーボー」であったことを思い出した。著書に『股間若衆』（新潮社）、『銅像時代』（岩波書店）、『近くても遠い場所』（晶文社）などがある。二〇一五年春、紫綬褒章受章。

『股間若衆国人名事典』より

せいきの大問題《だいもんだい》
新股間若衆《しんこかんわかしゅう》

発行　2017年4月25日

著者……木下直之《きのしたなおゆき》

発行者……佐藤隆信

発行所……株式会社新潮社
〒162-8711　東京都新宿区矢来町71
編集部03-3266-5411　読者係03-3266-5111
http://www.shinchosha.co.jp

ブックデザイン……新井大輔

印刷所……大日本印刷株式会社

製本所……大口製本印刷株式会社

カバー印刷所……錦明印刷株式会社

ISBN978-4-10-332132-3 C0095